アンガーマネジメント

叱り方の教科書

ANGER MANAGEMENT

はじめに

叱れない人が増えています。当会には、「叱り方を教えて欲しい」という研修依頼が毎月何十件もきています。

アンガーマネジメントというと、一般的には怒らない人になれる、イライラしない方法と思われがちですが、そうではありません。

叱ること自体は全然構わないのです。ですから、本書でも叱るなということは一切言いません。むしろ積極的に叱り、叱ることで部下がついてくる方法を紹介していきます。

叱ることは悪いことでもなければ、嫌われることでもありません。仮に叱ったとしても部下から好かれる人になれれば、叱ること自体は怖くなくなります。

この人からなら叱られても仕方がないなと思える人と、この人からは叱られたくないという人が、あなたにもいるのではないでしょうか。

若い頃に叱られた記憶はありますか？

多くの人はキャリアを「部下」としてスタートします。中には一度も就職せずに起業して、部下の立場を一度も経験することなく経営者としてスタートする人もいるかもしれませんが、いきなり「上司」の立場から始める人はほとんどいないでしょう。

部下にとって上司というものは特別な存在であり、その上司の言動は部下の心や行動に大きな影響を及ぼすことは一度でも「部下」の立場であった人ならよく理解できることだと思います。

その中でも叱られるということは、インパクトの大きな出来事だったはずです。その自分が上司として叱る立場になったとき、あなたは部下とどう向き合っていますか？

若い頃、山のように叱られたのに、いざ叱られなければならない場面に遭遇しても叱ることができない人、叱り方がわからない人、間違った叱り方をする人が増えています。

部下が上司に対して「パワハラだと感じる」53・8%

部下と上司の関係は、単なる上下関係とは言い切れない、単純なようでいて複雑なもの。それを示すデータがあります。

２０１６年に日本アンガーマネジメント協会が行った「怒りの感情が業務に及ぼす影響」に関する調査によると、怒られた部下が上司に対して「パワハラだと感じる」のは53・8％。怒った上司本人が「パワハラだと感じている」のはわずか16・7％と3倍以上の認識のズレが発生していることがわかりました。

本文で詳しく説明していきますが、本書では怒ることと、叱ることを区別していません。ご紹介するデータについても「怒る＝叱る」として読んでくださ い。ついでに言えば、「怒る＝叱る＝注意する」です。これらを分けないで考え、実践できるようになると叱り方が上手になります。

また上司に怒られた後の部下は「仕事のモチベーション低下」40・6％、「相手を避けるようになった」25・5％、「精神的に不安定になった」23・5％

など、業務に支障をきたすことが多いこともわかりました。

それが部下の離職にまで発展する場合もあります。

それに対し、怒った上司側は「どのような状態にもならなかった」と認識しているのが58・7％とここでも大きなギャップが存在しています。

さらに怒ったあと、上司の62・5％は、数分程度で感情を切り替えられるのに対し、部下の5人に1人は、1年以上も感情を引きずる傾向があります。とくに「口汚く罵られた」67・5％、「人格まで否定された」51・8％など、感情的にダメージを受ける叱り方を受けた場合には1年以上も上司を避けてしまうという部下も少なくありません。

その後関係が回復したのはわずか7・6％。76・9％は「昔の関係に戻っていない」という事実は重いものがあります。

上司として指導をする立場の人は、**叱る側、叱られる側ではこれだけ受け止め方が違う**ということをぜひ覚えておいていただきたいのです。

そして、思い出してください。「上司」というのは仕事をする上で大きな存在だったはずです。それは時代が変わっても、その存在感は変わりません。

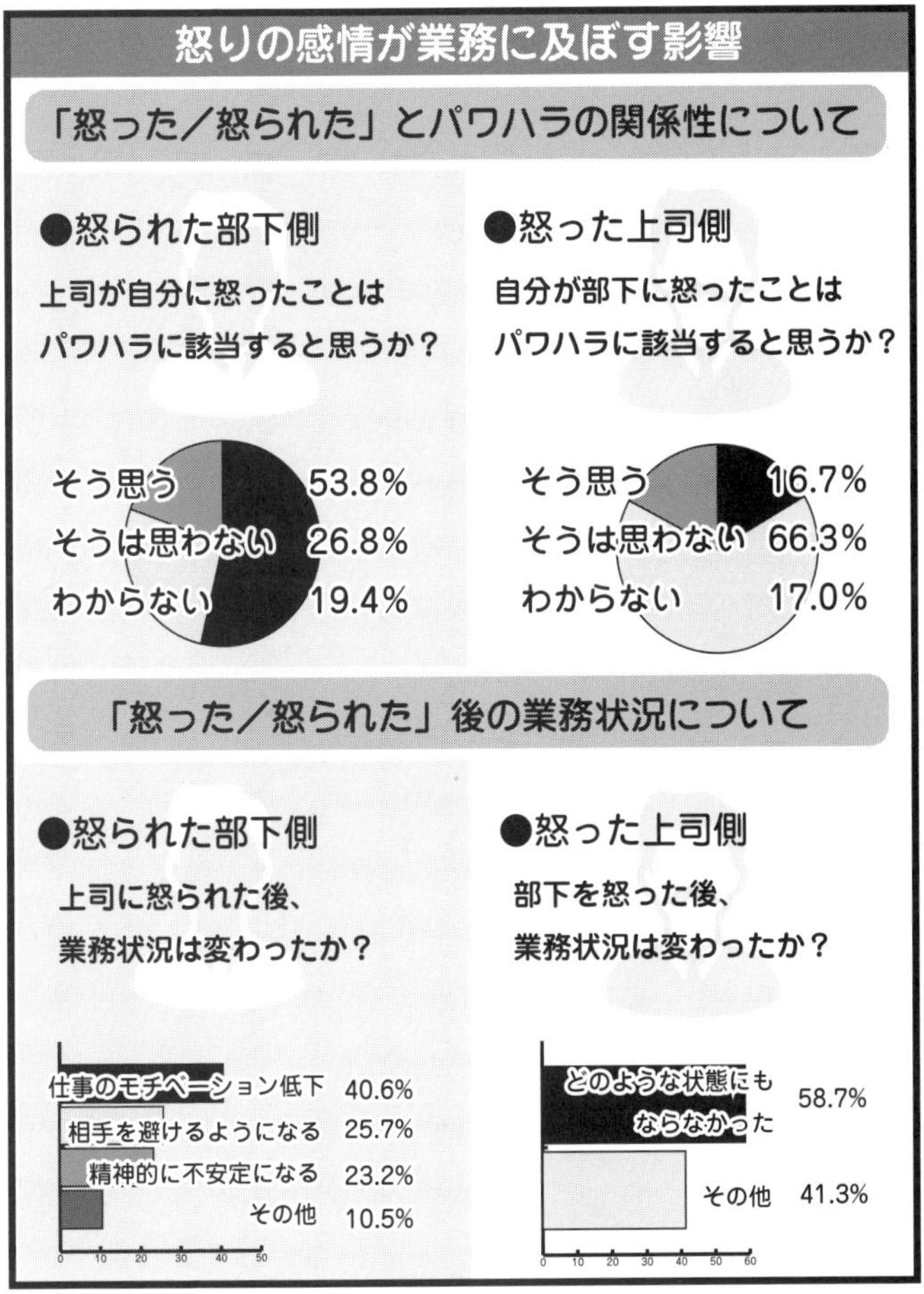
怒りの感情が業務に及ぼす影響
「怒った／怒られた」とパワハラの関係性について
●怒られた部下側
上司が自分に怒ったことは
パワハラに該当すると思うか？
そう思う 53.8%
そうは思わない 26.8%
わからない 19.4%
●怒った上司側
自分が部下に怒ったことは
パワハラに該当すると思うか？
そう思う 16.7%
そうは思わない 66.3%
わからない 17.0%
「怒った／怒られた」後の業務状況について
●怒られた部下側
上司に怒られた後、
業務状況は変わったか？
仕事のモチベーション低下 40.6%
相手を避けるようになる 25.7%
精神的に不安定になる 23.2%
その他 10.5%
0 10 20 30 40 50
●怒った上司側
部下を怒った後、
業務状況は変わったか？
どのような状態にもならなかった 58.7%
その他 41.3%
0 10 20 30 40 50 60

上司とのやりとりには、いい思い出も、悪い思い出もあるでしょう。**忘れられない苦い記憶だけれど忘れてはいけないもの**など多くの影響をあなたに残したはずです。

叱り方次第で関係は変わる

それだからこそ、上司の怒り方次第で、離職を防げることもあります。叱られた後の行動として「異動希望を出した」74%、「離職した」57%など離職を選択する回答が多い一方、怒り方を変えれば、仕事のモチベーション等にマイナスの影響を与えなかったかという質問に「仕事のモチベーションにマイナスの影響を与えなかった」と答えた人が70%にも上りました。

ではどう叱り方を変えればいいのでしょうか。

アンガーマネジメントでは、叱りたいことには上手に叱れるようになり、叱る必要がないことにはその必要がなくなるようになることを目指します。

上司、先輩など、誰かを指導する立場になれば、「叱る」ことは欠かせない仕事のひとつです。苦手だからといっても逃れることはできません。

それならば、叱ることの意味をきちんと理解し、上手な叱り方を身につけることこそが上司にとっても、部下にとっても働きやすく、成果の出やすい職場環境を作ることにつながります。

そして忘れてはいけないのは、叱る側と叱られる側では受けとり方が大きく違うということです。

叱る側は**愛情を持って、相手のことを思って**という気持ちがいくらあったとしても、上手に叱ることができなければ、叱られる側は**責められた、否定された**という印象だけが大きく残ってしまいます。そうなれば、自分に愛情をもって、自分のことを思って叱ってくれたとはなかなか素直に思えません。

ビジネスの場面で、人に対して叱ること、怒ることは、気持ちをあらわすことでもあり、上司としてのリクエストを通すことでもあります。

感情と理性を同時に表現する難しさもありますが、それができてこそ「上司」として一人前といえます。

怒り方も叱り方も学校では教えてはくれません。

本書では、上司にとっても部下にとっても効果的で、叱ることで生産性が上がり、さらに人間関係が発展するような叱り方をマスターしていきましょう。

──アンガーマネジメント　叱り方の教科書◆目次

CHAPTER 2
怒りという感情を理解する……51

contents
目次

CHAPTER 5

叱り方の教科書

CHAPTER 6

CHAPTER 1

叱れない人が増えている

叱れなくなった理由

最近、叱ることができないリーダーが増えています。前述しましたが、当会にも叱り方を教えて欲しいという研修依頼が毎月何十件もきます。

多くの人が叱れずに悩むようになった理由は大きく分けて2つあります。

① パワハラに対する意識向上
② 褒める文化

パワハラ（パワーハラスメント）は2001年に生まれた和製英語です。英語ではパワーハラスメントとは言いません。

2001年に生まれた言葉はこの十数年で一気に日本社会に普及しました。

私はこのこと自体はとても良いことだと考えています。

そして、ちょうど時期を同じくしてこの十数年、日本は学校現場も企業も「人は褒めて伸ばすもの」という考え方が定着していました。

そのため企業では上司は部下をなるべく褒めることが求められました。褒めることに力を入れていたので、いつのまにか叱ることが不得意になってしまったのです。

そして学校では生徒たちは褒められて育てられました。叱られることがないまま大人になり、社会人になりました。そうした子どもたちは、叱られ慣れていません。

すると社会には叱り慣れていない上司、叱られ慣れていない部下ばかりとなりました。

そこにパワハラの意識も高くなってきたので、上司は余計に叱りづらくなるという悪循環が形成されるのです。

実際、今の若い人たちは叱られ弱いという話をよく聞きます。注意したつもりだったのに、すぐにいじけてしまう、やる気をなくしてしまう。ひどい場合には会社をやめてしまうという話もしょっちゅう耳に入ってきます。
簡単に言ってしまえば、これが叱れない人が増えた理由です。

確かに企業においても、教育現場においても褒めることは必要です。でもそれは、褒めることも必要ですという意味であり、褒めるだけでいいということではありません。

人を育てるためには、**褒める、叱る、勇気づける、励ます、叱咤激励する、**といういろいろな行為が必要となるのです。

そういう意味で、この十数年は健全ではなかったと言えます。過ぎたことは仕方がありません。これから〝叱る〟が上手になればいいだけのことです。

叱る＝嫌われるという誤解

「叱る」「怒る」という言葉を聞いてどんなイメージを持つでしょうか。やはりネガティブな印象を持っている人が少なくないでしょう。

実際、叱ることが難しい時代になりました。

せっかく叱っても、主旨が伝わらないと「パワハラだ」「ブラックだ」と逆に批判されることもあります。

そんな理由から、

「人間関係を壊したくない」
「厳しいことを言ったら、辞めてしまうのではないか」
「何度も同じこと言っても改善しないから、もう叱りたくない」
「できれば穏やかに、誰一人不機嫌ならない毎日を送りたい」

「感情的になるのは恥ずかしい」

などと考える人も多いようです。

しかし、叱ることにまつわる、そんなイメージは本当に正しいものなのでしょうか。

「部下を叱ることができない上司」だって、あまりいいイメージではないと思います。リーダーシップが欠けている、自信がなさそう、決断力がない、勇気がない、甘えている……少し考えただけでもネガティブな言葉が浮かんできます。

実際に、絶対に叱らない上司だと思われたら、発言力は低下します。部下は知らず知らずのうちに上司を軽く見て、好き勝手をして、いずれ職場の統制がきかない事態にもなるでしょう。

放任主義と言えば聞こえはいいかもしれませんが、放任主義のリーダーシップなど最初からは存在しません。放任主義ができるのは、叱り方がかなり上手になってからになります。

叱らずに済むなら、それに越したことはありません。何事もうまくいき、上司がなにも言わなくても部下は成長して、誰もミスをしないならそれも可能でしょう。しかし、それは現実的ではありません。

現実は難問山積というケースが多いでしょう。そして私たちは立場に応じた責任を持たなくてはなりません。上司として、親として、社会人として、叱ることを求められる場面があります。

過去の自分を振り返ってみると、子ども時代、学生時代、そして社会人になって以降、これまで何度も叱られてきたと思います。その時には、ムッとしたり、反発を感じたりすることもあったでしょう。しかし叱られることで成長してきたはずです。

自分が気づかなかったことに気づかせてくれたり、勘違いを正してくれたり、足りないことを教えられたり、叱られた経験が多かれ少なかれ今の自分を作っているといえるはずです。

今でも叱ってくれた人を嫌っていますか？

恨んでいますか？

中には叱ってくれたことを感謝している人もいるでしょう。まずは、**「叱る＝嫌われる」という思い込み、誤解**を外して、叱るということの効用についてフラットに考えましょう。

〝叱る〟は練習で上達する技術

〝叱る〟は単純に技術です。ですから、スポーツや楽器などと同じように、練習した分上手になります。

叱らずにいると、叱る練習ができていないので、叱ることがどんどん苦手になっていきます。

苦手になるから、余計に叱れなくなります。

これが〝叱る〟が上手にならない悪循環です。叱り方が上手になりたかったら、たくさん叱ることです。叱る経験値を上げていくことで、叱り方が上手になります。

誰もが最初から上手なわけではありません。CHAPTER2以降で具体的な叱り方のテクニックを紹介しますが、考え方を学び、テクニックを練習していくだけです。決して難しいことではありません。

あなたが叱ることを不得意だと思うのは、**単純に練習不足**だと思ってください。

野球で言えば、素振りをろくにしないうちに、いきなりヒットを打とうとしているような状態なのです。

単純な練習不足。そう考えれば気持ちも楽になるのではないでしょうか。叱り方が不得意なのは、リーダーとしての資質が足りないわけでも、能力がないわけでもないのです。

褒めた方が良いという幻想

ときどき「僕は褒められて伸びるタイプです」と自分で言う人がいます。

確かにそういうタイプの人がいることは否定しません。私はどちらかと言うと褒められ下手なので、褒められると逆に「自分のどこがいいのだろう？」と自問自答してしまうタイプです。

ですから、褒められることで調子に乗って、どこまでも走っていける人を見ていると、ある種の羨ましさを感じます。

叱られることは、一般的にいって心地いいものではありません。

一方、一般的に言えば褒められると気分がよくなります。

昭和の時代のサラリーマンは、叱られて仕事や世間を覚えたのかもしれませんが、現在では部下は褒めて伸ばすものだという声も多く聞かれます。

では、実際に叱らずに、褒めるだけでも指導はできるのでしょうか？

褒め方にもいろいろありますが、やはり基本的には褒められれば嬉しいし、モチベーションも上がるでしょう。その気持ち良さを味わえば「また褒められたい！」と願うようになるでしょう。

それが続くとどうなるでしょうか。

何かするたびに褒められることを期待するようになり、「褒められたいからやろう」という考えになり、それが行動のベースになってしまうと褒められることに依存してしまうことになります。

そして褒められることばかりをやろうとする傾向になり、リスクを冒したり、新しいことや難しいことに挑戦することを避けて無難なことばかりやるようになりかねません。

褒められることによって自分の価値を見出そうとすると、知らぬ間に褒めてくれる立場の人のコントロールの下に、自分を置くことになります。

それは、褒める人の都合のよい人間になってしまうということです。褒める側にとって都合のよい人間。もしかすると理想の部下のように思えるかもしれませんが、そんなことはありません。YESマンばかりしか集められないリーダーというレッテルを貼られ、あなたは指導力を疑われることになるでしょう。

褒めることで部下のモチベーションをコントロールする。上司と部下という関係であれば、それもいいのではという考え方もあるかもしれません。しかし、長期的に見ると相手から自律的に考え行動する力を奪っていることになるのです。

褒められなければなにもできない人間を作ってしまうことになりかねません。褒めるということは、実は使い方によっては毒にもなる劇薬なのです。

もちろん叱ることにも功罪があります。叱ることが相手にとって「気づき」や「励まし」にならず、単に自尊心を傷つけ、追い詰めるものになっていたら、何にもならないどころか逆効果です。

後ほど詳しく解説しますが、叱ることは相手をへこますことでも、反省を促すことでも、ましてや自分の気持ちをスッキリさせるためにすることではありません。

叱るというのは相手に対して、今どうして欲しい、次から**どうして欲しいかを伝えるリクエスト**が本当の目的です。

褒めることは万能ではありません。そして、叱ることも万能ではありません。実際の職場では、〝褒める〟も〝叱る〟も、両方リーダーに必要なスキルです。

尊敬され、部下がついてくるリーダーになるためには、どちらか一方だけを使いこなせれば良いということではなく、どちらも使いこなせなければなりません。

ただ、〝褒める〟にせよ〝叱る〟にせよ、使い方次第で薬にも毒にもなるということは心に留めておきましょう。

叱ると怒るは一緒

多くの叱り方の本では、怒るということは感情をぶつけることだとして「叱ると怒るは別」「叱る際には怒ってはいけない」という記述がよく見られます。

しかし、私は、「叱ること」と「怒ること」を区別していません。同じものだと考えています。さらに言えば、「注意をする」も同じ意味で使っています。

そして、**怒ることは悪いことではない**というのが基本のスタンスです。私たちは怒ってもいいのです。

後輩や部下などを持ち、指導する立場になった人にとって、怒ること、叱ることは不可欠です。怒りとは、自分自身や家族など大切なものを守るために存在する感情で、生きていれば、仕事をしていれば怒らならなくてはいけない場面というのが必ずあります。

悪者扱いされがちですが、「怒り」は自然な感情のひとつです。喜んだり、悲しんだりする感情と同様に、生きていく上で「怒り」をなくすことはできませんし、なくす必要もありません。怒ること自体に良いも悪いもないのです。

よくアンガーマネジメントを「怒りを消す方法」、「イライラしなくなる方法」とか「感情を抑える方法」を教えるものだと思っている人が多いのですが、そうではありません。

怒りの感情に対する誤解を解き、上手に怒りを表現する方法を身につけようというのがアンガーマネジメントです。

問題なのは、その「怒り」の表現の仕方です。つまり叱り方がよくないと、何を怒って叱っているのか相手に伝わらないだけでなく、トラブルの原因にもなります。

「ついカッとなってしまって言わなくていいことを言ってしまった」「つい手が出そうになってしまった」という経験は誰でもあると思います。

怒りの感情に振り回されて、一方的に不満をぶつけたり、暴言を吐いたりしても、相手は反発するだけで状況は改善されません。

ましてや立場が上の人間が下に向かってむき出しの感情をぶつけていては、リーダー失格と言われてしまっても仕方ありません。


また「怒りは連鎖する」ものです。怒りの感情は力の強い人から弱い人へ、立場の強い人から弱い人へと向かうのです。

職場で上司に怒りの感情をぶつけられた部下が、家に帰って家族に怒りの矛先を向けます。親に怒られた子どもは学校に行って、自分より弱い子をいじめます。いじめられた子は怒りを家庭に持ち帰って親にぶつけます。そして親は……このように怒りは社会の中で連鎖していきます。

無意識に発した自分の怒りがめぐりめぐって自分の大切な人や守られるべき弱い人を傷つけているかもしれないのです。


だから怒りはコントロールが必要なのです。

まずは怒りの内容を自分自身で受け止めて、どうすれば状況を良い方へ変えることができるのかを考え、相手の受け止め方も配慮して伝えることが〝叱る〟ことだといえるでしょう。

アンガーマネジメントのセミナーで「怒ってもいいのです」というとホッとされる方が大勢います。「怒りは押さえ込んで我慢するもの」という誤った刷り込みが怒りという感情に対するネガティブなイメージを作り出しているのです。

そして、そのことで叱ることにも躊躇するようになってしまっているのです。

「叱る」を再定義する

人は誰でも、自分のことを認めてもらいたいという承認欲求があります。褒められ、評価され、理解されることを望み、反対に自分の行動や考えを否定され、叱られるとガッカリます。落ち込んだり、反発したり、場合によってはやる気を失うこともあります。

叱るということは、上司の側が相手を思って、ただ間違いを正したい、道理を伝えたい、発奮させたいという意味でいくら伝えているつもりでも、相手はそうは受け取ってくれないこともよくあります。

辞書で【叱る】を引いてみると……

「目下の者の言動のよくない点などを指摘して、強くとがめる。（大辞泉）」

とあります。

確かに表面的には、叱る側から叱られる側へ一方的に評価するものだと見えるでしょう。

しかし、なぜ叱るのか、なぜ怒るのか、その気持ちを分解してみると、そこには相手に職場なら職場、家庭なら家庭などそれぞれの社会やコミュニティでするべきこと、逆にしてはいけないこと、止めてほしいことを伝えなければならないという気持ちがあります。

さらにもう一つの側面として自分の意図や気持ちを察してほしい、理解してほしい、そして行動で示してほしいという欲求があります。

私は、叱ること、怒ることは、第一に**「相手へのリクエスト」**であると捉えています。さらに第二に**「自分の気持ちを伝える手段」**だとしています。

こうして定義し直すことで「叱る」という言葉から受ける一方的な印象がだいぶ違ってくるのではないでしょうか。

叱るのが上手な人はリクエスト上手

叱ることとは、第一に相手へのリクエストであり、第二に自分の気持ちを伝える手段であると定義しました。

この順序には理由があります。**リクエストは聞いてもらえて初めて意味があります**。聞いてもらえなければ、どんなに叱ったとしても意味がありません。

しかし、自分の気持ちを知ってほしいということが前に出てしまうと、どうしても感情的になり、言わなくてもいいことを言ったり、高圧的な態度と受け取られるような言動をしてしまいがちです。

そうすると、相手はストレスを感じてリクエストの内容が伝わりにくいのです。

こんな人を見たことはないでしょうか。お店の窓口で激昂している人がいます。そこで店員が対応します。

店員「どのようにすればよろしいでしょうか?」
客「どうしたもこうしたもない!」
店員「では、どうなればご満足いただけるでしょうか?」
客「それを考えるのがお前の仕事だろうが!」

これは客側がリクエストなく怒っている状態です。リクエストがないから、店員も対応しようがありません。そもそも怒っている客本人がどうして欲しいかをわかっていないのですから。

こうした人はよく見かけますが、怒るだけ怒って、結果的に欲しいものは何も手に入りません。**リクエストなく怒ってもムダ**なのです。

こうしたケースであえてリクエストがあるとすれば、それは「俺の気持ちをわかれ」というリクエストになっているということです。

それはそうかもしれないのですが、それが最終的に欲しいものではないでしょう。

今度はこういうケースを考えてみましょう。

イベントの企画書の提出期限を守らない部下を叱るとします。このときリクエストと自分の気持ちをごちゃまぜにしてしまうとこうなります。

「いつまで待たせる気なんだ」
「あの企画書がないと私の評価まで下がるんだから、早く出しなさい」
「そもそも君はだらしないからこういうことになるんだ」
「どれほど大事なイベントなのか理解しているのか？」

自分の怒りの感情を先に強く伝えてしまうと、その後に続く「だから早く提出してほしい」という肝心なリクエストが届く前に、相手はいきなり感情をぶつけられたことで反発したり、心を閉ざしてしまいます。

大事なのは「その先」が見えているかどうかです。自分の気持ちしか伝えられない人は叱り下手といえるでしょう。

一方、リクエストを優先するとこうなります。

「イベントの企画書はどんな様子だ？」

「もう提出期限が過ぎていているから一度報告してほしい」

「大事なイベントだから心配なんだ」

「他部署からもせっつかれていて困っている」

このようにあくまでどうしてほしいのかというリクエストが「主」、自分の気持ちが「従」で伝えてみるといいでしょう。

〝叱る〟の「主」の目的はリクエストで、「従」の目的は自分の気持ちを伝えることなのです。

叱ることもコミュニケーションの一つです。叱られる側が叱る側の話に耳をかたむけ、受け入れてくれなければ叱る側の一方通行です。

叱られる側に話を聞こうと思わせるためには、叱る側が上司として先輩として信頼されていること、不信感を持たれないことがとても大切です。不信感を持たれないための方法はCHAPTER3で後述します。

繰り返しになりますが、**叱ることはリクエストを伝えること**です。リクエストなしに叱ることは本当にムダなことなのです。

よくリクエストなしに叱っている人がいます。部下が「すみませんでした。わかりました。ではどのようにすればいいですか?」と聞いた時に、「どうしたもこうしたもない! そんなことくらい自分で考えろ!」で終わってしまう上司。

これでは一体どうすればよいのかが伝わらず、叱ったとしても何も欲しいものは手に入れられません。

叱られる部下は困るばかりか、上司への不信感を募らせます。

あなたが叱る時、あなたのリクエストは何でしょうか。そこを整理してから叱りましょう。

もし叱ることから逃げていると

叱ることに消極的になってしまう気持ちもよくわかります。叱られる側の気持ちがよく理解できる人ほど、どう叱ったらいいのかと迷うのです。

とくに気持ちの優しい人は「相手を傷つけてしまったらどうしよう」と思い、叱ることをためらいます。

叱ることができない人の頭の中は、**「叱って逆効果になったらどうしよう」「人間関係が悪化したら管理職失格だと思われてしまうのではないか」**といった思いが渦巻いています。そんなことが気になりはじめると、叱ることが億劫になってしまうのです。

叱ることがイヤなので、叱ること以外のコミュニケーション、たとえば褒めることで叱らなくても済むようにしている人もいます。

確かに「怒らなくていいことを怒らないようにする」ということはアンガーマネジメントの基本です。しかし**「怒るべきことは怒る」**こともまたアンガーマネジメントの基本です。

極端な例でいうと、平気で遅刻する部下、不適切な言葉遣いをする部下、時間管理ができない部下などを叱らずにいると、どうなるでしょう。

考えられる最悪のシミュレーションとしては、まず叱らない上司をなめて職場環境は悪化し、真面目に働いている他の部下にも悪影響を及ぼします。

さらに放置しているとクライアント先での大切なミーティングに遅刻する、プレゼンに準備なく臨んでしまう、機密情報を漏洩してしまうなど自社の面目を潰すような問題行動を平気でとるようになり、会社に大損害を出してしまう可能性もあります。

こんな部下たちを褒めてすかしてやる気を出させるには、どれくらいの手間と時間がかかるでしょうか。

それよりも遅刻や拙い言葉遣いが、いかに自分の評価を下げてしまうかを説明し、先々トラブルを起こす危険があるから正すようにと叱ってやるほうが何倍も早いと思いませんか？

後から「叱って言い聞かせればよかった」と後悔しても遅いのです。褒めることと、甘やかすことは違います。放任することと、甘やかすことも違います。**叱らないことを自分に都合よく解釈しない**ことです。

「部下が離職してしまうから厳しくできない」という悩み以前に、上司としての評判は著しく下がり、叱らなくても部下が離れていってしまうこともあるでしょう。

怒りの感情は、自分や自分の大切なものを守るために存在しています。部下を叱って指導するのは、上司の役目です。

極論を言ってしまえば、**叱れない上司はリーダーとしての役割を全うできない**といえるでしょう。上司の立場になったら、まずはそのことを理解する必要があります。

とはいえ、最初から誰もが上手に叱れるわけではありません。自信がない人は、叱る練習をします。叱る練習とは、身近なことや細かいことから叱ってみるのです。

たとえば、同僚の悪口ばかりいうAさんに「問題があるなら時間を作って話し合おう」と言ってたしなめる。

仕事はできるのに、スーツのシャツがいつもしわくちゃなBくんに「君はそれですごく損をしているよ」と周囲が残念な人と思っていることを気づかせる。

いつも職場イベントの幹事役からずるく逃げているCさんに「あなたの仕切りを楽しみにしているよ」と幹事役に指名してみる。

練習台にする小さな問題は、職場環境をよくするものだと一石二鳥です。

いきなり大きな問題に着手して失敗しないよう、日頃「こんな細かいことを言っても仕方ないか」と思っているようなことをあえて意識して伝えてみることで、本番に備えたシミュレーションができます。

自分のためにも叱ろう

怒りを感じているのに叱れないでいると、心身の健康に影響をきたします。ストレス解消のためと言って、たくさん食べてしまったり、お酒を飲んでしまったりした後で激しく後悔するという経験がある人は多いでしょう。

さらにこれが日常的に怒りを抑え込み、溜め込んでいると心臓疾患、高血圧などの病気を引き起こす可能性があるという研究結果もあります。また免疫機能を低下させ、病気や老化のリスクが高まることも知られています。

人はイライラしていると、集中力や冷静さを失います。我を忘れてミスをしたり、仕事の効率も下がります。

イライラしている時、気持ちが目の前の仕事から、ついイライラの元となっている出来事に向かってしまうこともあるでしょう。気持ちが今この場所にいないのですから、当然効率は下がり、生産性は上がりません。

また溜め込んだ怒りが限界を越えてしまうと、爆発してしまうこともよくあります。

これまで叱れなかったのに、突然「おまえなんて辞めてしまえ！」などといった暴言となって噴出してしまうかもしれないのです。こうした怒り方は、当然トラブルにつながります。

一度感情が暴走して自分で自分をコントロールできない状態を人目に晒してしまうと「あの人は気難しい」「怒るとなにをするかわからない」などというレッテルを貼られてしまい、評価は確実に下がります。

繰り返しになりますが、**怒りの感情は、自分や自分の大切なものを守るために存在しています。**

叱るべきときには叱れるようになることが重要なのは、上司である自分自身のためであることを理解しておきましょう。

叱る覚悟を決める

こうして叱るということをつぶさにみていくと、現代日本に生きている私たちにとって、叱るということは、ありふれた行為のようでいて、いざ自分が叱る側になると意外に高いハードルであることがわかります。

そういう背景から、

「あのときは迷いに迷って叱らなかったけど、やっぱり叱っていればよかった！」
「なぜあのとき自分はビシっと言わなかったのか」

といった、叱るか叱らないかの判断で後悔することが多く、悩んでしまう人。

「そもそも私自身が悩んでいるのに叱ることができるのか」
「叱るといっても何をどう言ったらいいのか」

上手な叱り方がわからなくて、叱ることが自分に向いていないのではないかと考える人もいます。

「叱れない上司はリーダーとして失格だ」などと常に自分を責めていると、いざ叱ることが必要なときに尻込みしてしまったり、必要のないところまで過剰に叱ってしまうこともあります。

確かに毎回叱る毎に、もやもやした罪悪感を抱えたり、迷いを感じるのはとても苦しいことです。

それでも上司という指導する立場になったのであれば、叱ることは必須です。叱ることでしか伝わらないことがあります。

リーダーである以上、叱る覚悟を決めることです。

叱るか叱らないかで迷ったときは「叱ることが長期的な視点からお互いのためになるかどうか？」を判断基準にすると、覚悟が決まってきます。

叱った後は少しの間、人間関係がギクシャクしてしまうかもしれません。しかし、長期的にみればお互いのためになり、仕事がスムーズになるのであれば叱りましょう。

叱ることは、労力もかかるし、時間もかかるし、エネルギーが必要なことです。部下が憎くてするのではなく、大切に思うからこそ叱るのでしょう。

相手に〝叱る〟を伝えるためにも、普段から準備をし、上手に伝えられるようになっていきましょう。

CHAPTER 2

怒りという感情を理解する

怒りという感情を理解する

そもそも人はなぜ怒るのでしょうか。ここでは怒りという感情を理解しましょう。

怒りという感情は空から急に降ってくるわけではありません。仕組みがあって生まれるものです。

怒りの感情は次の３つのステップで生まれます。

①　出来事が起きる
②　出来事に意味づけをする
③　怒り（感情）が生まれる

例えば、部下と会社近くの駅で朝、ばったり出会ったとします。そこで部下は挨拶をしませんでした。これが出来事です。

この出来事に意味づけをします。例えば「上司に出会っておきながら挨拶もしないとはなんて失礼な奴なんだ」と。

意味付けとしては、部下が失礼な態度をとったということになります。

すると、**怒りの感情**が生まれます。これが怒りが生まれる仕組みです。

ここで考えて欲しいのは、意味付けの部分です。もし同じ出来事があったとしても、違う意味付けをしたらどうなっていたでしょうか。同じケースで考えてみましょう。

部下と会社近くの駅で朝、ばったり出会いました。部下は挨拶をしませんでした。同じ出来事です。

ここで先程とは違う意味付けをしたとします。

例えば、「あれっ、こちらに気づかなかったのかな。最近忙しいから、考え事でもしているのかもしれないな」と。**意味付けとしては、「最近忙しいけど大丈夫か？」**というものになります。

すると、ここでは**心配という感情**が生まれます。

このように同じ出来事でも、その出来事にどう意味をつけるかによって、その後に生まれる感情が変わります。

当然のことながら、この意味付けをするのは自分です。

同じ出来事に遭遇しても、この意味付けは自分の中でよく変わります。先程の例のように、ある日は部下を失礼な奴と思い、ある日は部下を心配します。

自分の中でさえよく変わるくらいですから、誰かの意味付けと自分の意味付けが違っていることなど、しょっちゅうあります。

同じ出来事に遭遇したからといって、誰もが同じ意味付けをするわけではありません。真逆の意味付けをすることがあったとしても、全く不思議ではないのです。

では、その意味付けはどうやってされるのでしょうか。意味付けをする正体は実は私達がよく使っているある言葉が大きな原因になっているのです。その言葉を探っていきましょう。

怒りを生み出す原因

あなたにとって、自分を怒らす原因は次のうち、どれでしょうか？

① 誰か
② 出来事
③ 何か

少し整理しましょう。

誰かというのは、A君のことです。もしA君そのものに頭にきているのであれば、それは**①誰か**ということになります。

出来事というは、A君が遅刻をしたという出来事です。出来事にカチンときているのであれば、それは**②出来事**ということになります。

③何かというのは、例えば、A君がこれまでに遅刻を繰り返してきているという歴史的なものであったり、A君が時間を守る気がないのではないかという有様のようなものです。

さて、あなたはどれが怒りの原因だと思いますか？

少し時間を使って考えてみてください。

いかがでしょうか。意外と難しかったのではないでしょうか。誰かと言われれば誰かの気もするし、出来事と言われれば出来事のような気もする。あるいは特定の誰かがそれをやったからのような気もするし、繰り返しその出来事があるからのような感じもする……。

どれかには怒っていそうなのですが、いざコレと特定しようすると難しいという感想になるでしょう。

難しいのは理由があります。それは、**これらの原因がすべて間違っているから**です。どれも実は怒りの原因ではないのです。

私達を怒らせる本当の原因

では私達を怒らせる本当の原因は一体何か？　ということです。出来事に意味づけをする正体です。

アンガーマネジメントでは、怒りの本当の原因になるものをコアビリーフと呼んでいます。コアとは核となるもの。ビリーフとは信じるもの。コアビリーフとは信じるものの核となるようなものです。自分の価値観の辞書となるようなものです。

ただ、コアビリーフという言葉は忘れてしまっても構いません。ただ、**コアビリーフを象徴する「べき」という言葉**を覚えておいてください。

単純に私達を怒らせる原因は自分が信じている「べき」と覚えればＯＫです。「べき」というのは、「～するべき」「～するべきでない」の「べき」です。

ごく簡単に言ってしまえば、私達が怒る原因は、自分が信じている「～するべき」が目の前で裏切られた時です。

例えば、マナーは守るべきと思っている人がマナー違反の人を見ればイラッとします。

報連相するべきと思っている上司が部下から報連相がなければ頭にきます。

仕事はこうするべきと思っているのに、相手が自分が思っているように仕事をしていなければ違和感を感じます。

その他にも、列には並ぶべきといったマナー的なものから、人に迷惑はかけるべきでないという道徳的なものや、コーヒーはブラックで飲むべきという極めて個人の趣向的なものまで、実に多くの種類があります。

自分の「べき」を知る

自分の「べき」を知ることで、自分がどのようなことで怒りを感じやすいのかがわかるようになります。

なので普段から、自分がどのような「べき」を持っているのかを確認することをおすすめします。

確認する方法はいたって簡単。

自分のほぼすべての行動は自分の「べき」に大きく影響を受けています。自分が行動して、何かを感じた時、その裏には「べき」が隠れているので、それを見つければいいのです。

例えば、今日着ているシャツは何色でしょうか？

とくに理由もなく選んだと思っているかもしれませんが、無意識のうちに自分はこのシャツを着るべきと思って選んでいます。

トクホのお茶を飲んだりするのはダイエットをするべき、サラダを食べるのは野菜を摂るべきといった「べき」が隠れています。

自分の「べき」を知るだけでなく、まわりの人達の「べき」も見つけてみましょう。あなたの部下はどのような「べき」を持っているでしょうか。

「べき」を知ることで、いつ、誰が、どのように怒りの感情を感じるのか見えてきます。

「べき」と付き合うのは難しい

この「べき」という言葉と上手に付き合えるようになると、アンガーマネジメント、怒りの感情のコントロールは上達します。

ただ、「べき」と付き合うには難しい理由が3つあります。

① すべて正解

② 程度問題

③ 時代、立場、場所によって変わる

信じている「べき」は人それぞれ、まさに十人十色です。そして、この世の中にある「べき」は全部正解になります。

仮に一見すると、一見しなくても、明らかに社会的におかしい、反社会的な

「べき」であったとしても、少なくとも信じている本人にとっては正解になります。

程度問題というのは、同じ「べき」であっても、人によって程度が違うということです。

例えば、時間は守るべきと思っている二人がいるとして10時に待ち合わせをしたとします。

一人は待ち合わせの10分前には行くべきと思っており、もう一人は10時を少しくらい過ぎても平気と思っています。その二人が待ち合わせをしたら、間違いなく揉めることになるでしょう。

上司と部下が、ともに仕事は一生懸命取り組むべきと思っていたとしても、お互いに思っている程度が違えば、相手に対して十分に仕事をしているとは思えません。

この程度の違いを理解していないと、部下に対して「仕事は一生懸命、全力で取り組むべきものだろ」と説教すれば、部下からは「自分なりにやっています」と返されて、話は平行線をたどるのがオチです。

「べき」は時代、立場、場所等によっても変わるものです。一昔前であれば、会社の飲み会は行くべきものでした。でも、今はそれを強制することは時代に合っていません。エスカレーターを例に挙げても関東では左に立つべきと考える人が多い一方、関西では右に立って待つべきと考える人が多くいます。このように「べき」は変わるのです。

「べき」と上手に付き合うために

ではこの「べき」とどうすれば上手に付き合うことができるのでしょうか。

私達の心の中には「べきの境界線」という三重丸があるとイメージしてください。

一番中心にあるのは、自分と同じ「べき」です。いわば100点なので怒りを感じることはありません。許せるゾーンです。

次にあるのは、自分が信じている「べき」とは違うものの、許容範囲です。まあ許せるゾーンです。

そして一番外にあるのが、自分の「べき」とは違い、受け入れることができない。つまり許せないゾーンです。

私達が怒る必要のあることは、許せないゾーンに入った時だけです。それ以外の時は怒る必要はありません。

怒った後で、**後から考えてやっぱり怒る必要なかったなと思えるようなことであれば、それは本当はまあ許せるゾーンだった**ということなのです。

ただ、アンガーマネジメントのトレーニングができていないと、なかなか許せないゾーンの時だけ怒るということができず、怒った後で後悔したり、怒ることで失敗を繰り返しているのです。

後述しますが、部下を叱る時、

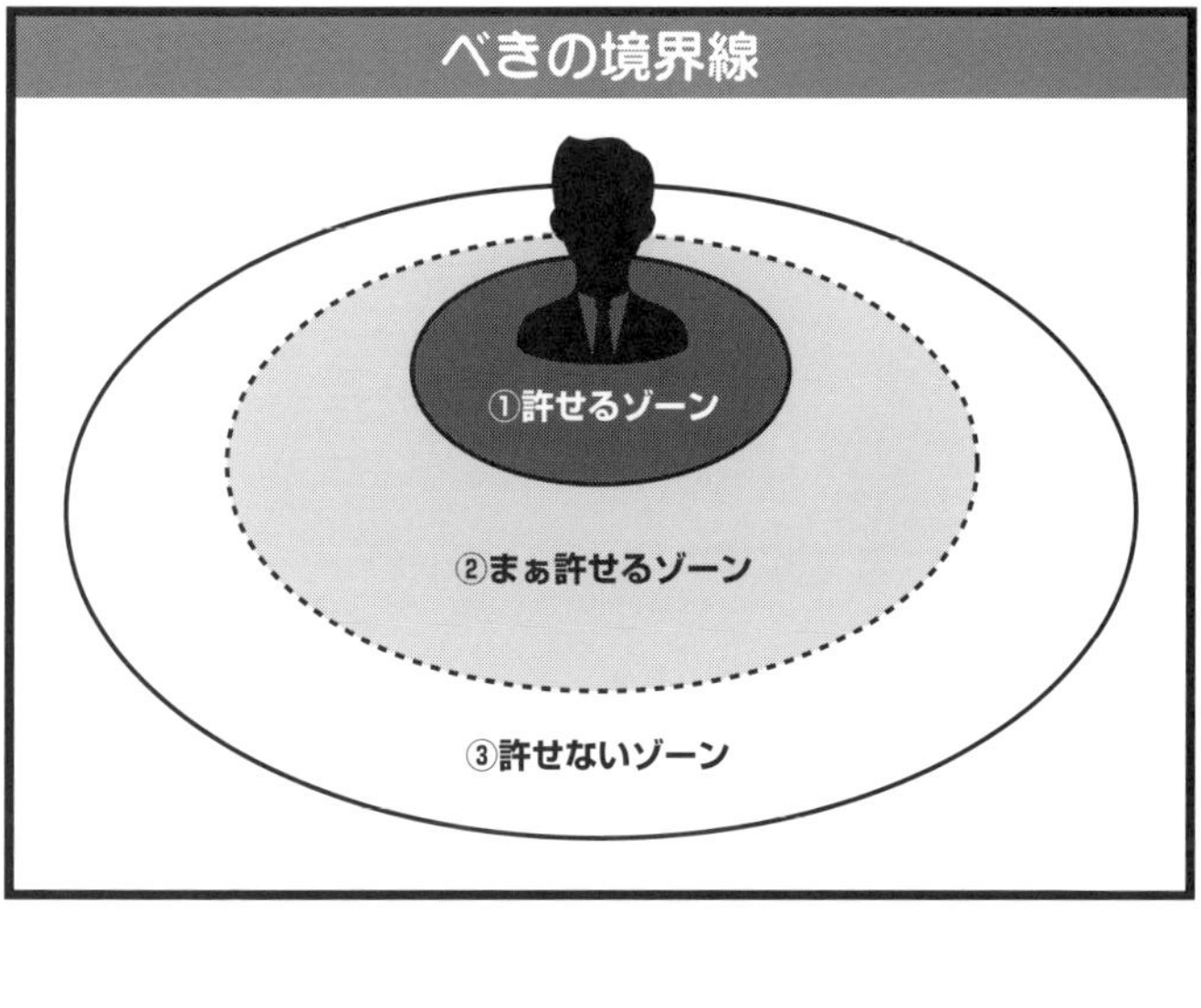

この「べきの境界線」は非常に大切になります。二重丸目の線が叱る必要のあること、ないことの境界線であり、この線を動かさずに叱れるようになることが、上手に叱るための絶対条件になるからです。

CHAPTER 3

叱って嫌われる人、
叱って好かれる人

信頼関係のないまま叱ると嫌われる

道を歩いているときに、知らない人にいきなり何かの理由で叱られたとしたら、「何だこの人は？」とムカッとするだけで、自分の中には何も、さっぱり響くものが残りません。

同じように日頃から尊敬していない、関係性がない、もしくは薄い人に正論を偉そうに語られても「何を言っているんだ、この人は？」と素直に聞き入れることはできません。

つまり、**叱られる側と叱る側には、信頼関係が必須**なのです。

叱られる側に心を開いて話を聞いてもらわないと、せっかく叱っても意味がないからです。

身も蓋もない言い方かもしれませんが、叱り方が多少下手であっても、相手と関係性ができていれば、その〝叱り〟は相手に響くのです。

逆にどんなに叱り方のテクニックを駆使したとしても、相手との関係性ができていなければ相手には届きません。

信頼関係というのは、一方的には成立しません。また一朝一夕に出来上がるようなものでもありません。〝叱る〟を有効にするためにも、前段階として普段からの積み重ねが必要になることは言うまでもありません。

そこで、信頼関係を築くため、まず上司がすべきことがいくつかあります。

普段から意識することは、同じ仕事をする仲間として尊敬されることです。

たとえば、自分の営業成績もままならないのに、部下の成績不振を責めても、なんの説得力もありません。

あるいは、部下の体調管理のことを言いたければ、自分が二日酔いで調子が悪い、体調が悪いといったことを言っている場合ではありません。

また、誰に対しても公平な評価ができることも重要なポイントです。

叱られるなら、的確に、正しく、筋を通して叱られたいと思っています。人によって怒ることを変えないということは、怒っても人に好かれる人になるための大きな条件と言えます。

日本アンガーマネジメント協会の調査で２０１５年、２０１６年の２年連続「怒られたい著名人」第１位に選ばれたのはマツコ・デラックスさんでした。

毒舌家の印象もありますが、弱い立場の人の視点を持つことができ、誰に対しても公平に怒ることができている点が多くの人に好感を持たれている理由でしょう。

怒られたい著名人ランキング

第1位	マツコ・デラックス	18.4%
第2位	松岡 修造	7.9%
第3位	タモリ	2.9%
第4位	天海 祐希	2.3%
第5位	北野 武／松本 人志	1.9%

※2016年　怒られたい著名人は誰ですか？　日本アンガーマネジメント協会調べ

自己満足のために叱ると嫌われる

怒りのままに叱るのは、単なる自己満足です。問題の解決になにも役立ちません。

叱る側は、とにかく自分がすっきりしたい気持ちが先走ってしまう傾向がありますが、結局それでは自分の伝えたいことが伝わりません。

リクエストより自分の感情を伝えることを優先してしまうのは下手な叱り方だとCHAPTER1でも書きましたが、その**最も避けたいパターンのひとつが、怒りを爆発させるだけの叱り方**です。

また怒りの爆発を日常的に行っていると「怒りっぽくて扱いにくい人」「すぐにキレる危ない人」「話しても通じない人」といった評価が下されてしまいます。

これでは上司として部下と信頼関係を結ぶことはできません。

自分の満足のために叱るのはやめましょう。

また、日頃からネガティブな感情を溜め込まず、怒りを爆発させる前に解消することとも大切です。

心のコップに溜まってしまったネガティブな感情は、リセットすることができます。休養をとったり、趣味に興じたり、身体を動かしてみたりして気晴らしをすることで少しずつネガティブな感情を減らすことができます。

追い詰めると嫌われる

部下に期待をかけることは悪いことではないでしょう。

しかし、その気持ちが強すぎる上司は、無意識に部下に厳しく当たってしまうことがあります。


「この程度のこともできないのか」

「あなたはプロでしょ？」

「仕事なんだから厳しくてあたりまえだ」

「根性が足りてないんじゃないか？」


相手の奮起をうながすため、そんな言葉で叱った経験はありませんか？

人格をけなしたりすると心の傷となり、長く引きずることになります。

「あいつはできたぞ」
「これは君の責任だからな」
「担当から外すこともありえるな」

人と比較したり、脅したりして不安や心配をあおっても、そのせいで仕事に身が入らなくなることもあります。

叱って伸ばす意図があったとしても、これでは相手の心を折っているだけなのです。叱った側はそれほど決定的な言葉を告げたつもりはなくても、相手にとっては違います。

せめて「部下のためだ」という思いが相手に伝わっていればまだマシなのですが、それすらないとただ過度な要求をする上司だと判断され「この人の下でやっていけない」「もう無理だ」相手に思われてしまいます。

せっかく**相手のためを思って心を鬼にして鍛えているつもりでも、度が過ぎ**

れば逆恨みを買うこともありえます。

「はじめに」でもご紹介した「怒りの感情が業務に及ぼす影響」に関する調査では、上司に怒られた部下は、40・6％が「仕事のモチベーションが低下した」、25・7％が「相手を避けるようになった」、23・2％が「精神的に不安定になった」と答えています。

このギャップを埋めるにはどうしたらいいでしょうか。

「北風と太陽」というイソップ童話があります。どちらが強いかを旅人のマントを脱がせることで決めようと、北風と太陽が力くらべをするお話です。旅人は北風が冷たい風を吹かすとますますマントをしっかり着込み、太陽が照らすと自らマントを脱ぎ、太陽の勝ちとなります。

この童話で言わんとしていることは、強引に、力づくで何かしようとしても効果がないどころか、かえって相手を頑なにしてしまうことがあるよ、ということです。

そして、暖かな言葉や態度、寛容な態度で接することで相手が自ら動いてくれるということを示唆しています。


叱咤激励という言葉があるように、叱ることで奮起を促すという側面もありますが、これは叱ることの中でも、どちらかというと高等手段です。

ほとんどの人は叱り方がまだ上手ではないので、叱ることがいきなり＝奮起を促すことにはつながりません。

叱ることをそういうレベルに持っていきたいのであれば、まずは怒りという感情が何であるかを理解し、叱ることについて練習やトレーニングを繰り返し、上達する必要があるのです。

反射的に叱らない

そもそも叱られることは、部下にとってダメージを受けることばかりではありません。もともとは相手の気づきや成長を促し、職場全体の活性化のために欠かせないものです。

ですから本来であれば、叱ることは相手に感謝されていいことのはず。ところが現実は叱られることで部下の心が折れたり、傷ついたりといった悪いイメージばかり取り沙汰され、叱る側の上司は悪役になりがちです。

そんな悪役にされないために、まずは反射的に叱らないことを心がけましょう。反射的に叱って良いことは、まず一つもありません。

・生意気なことを言われたとき。
・何度も指摘した書類の間違いをまた発見したとき。

・部下の不手際をなじる客からのクレームの電話がきた。

仕事をしていれば、思わずカッとなり、その場で怒鳴ってしまいたくなるようなことは毎日のようにあると思います。

しかし、カッとなって発した一言はさらなる怒りを呼び、売り言葉に買い言葉の応酬になったりして、取り返しつかないことを言ってしまうこともあります。

怒りの衝動に振り回された反射的な言動は、叱られる側だけでなく、叱る側にとってもダメージが大きく、大きなトラブルにつながる恐れがあるので、できるだけ避けたい叱り方です。

カッとなったときに覚えておいてほしいのが、**怒りは6秒でピークを過ぎる**ということです。6秒間をやり過ごすことができれば、落ち着きを取り戻し、冷静に対処ができるようになります。

この秒数には諸説あるのですが、一番のポイントはとにかく反射をせずに、少しの間待ってから行動するということです。

サッカーの選手がタックルされて相手につかみかかって反則をしてしまう、テニスの選手がカッとなってラケットを投げてしまう、等はまさに怒りの反射行動です。

反則をとられればイエローカードをもらいますし、エースラケットが壊れればサブのラケットで戦うハメになります。どちらも選手が望むことではありません。これが反射の怖さです。冷静であれば、そんなことはしなくて済みます。

一流のアスリートですら、怒りの反射によって大きな失敗をしているのです。反射というくらいですから、そこには理性が介入できていません。理性が働かなければ、言ってはいけない言葉、やってはいけないことをしてしまう可能性が非常に高いのです。

でも**6秒ルールを守ることで、反射によるリスクをぐんと下げることができます。**

怒りの点数をつけてみる

イラッとしているとき、なかなか6秒なんて待てないと思う人もいるかもしれません。そんな人には6秒を待つために、こんなことをしてみてください。

それはイラッとしたら、**その時の怒りの点数をつけてみる**というものです。

私たちが怒りの感情をコントロールしにくいのには、いくつかの理由がありますが、その1つが怒りの感情について**尺度を持っていない**ということです。

尺度を持っていないということは、比較ができないということになります。

気温、体温、血圧等、尺度があるから、今がどのような状態かがわかります。例えば、今日の最高気温が20度と言えば心地よい温度かなと思いますし、最低気温が0度と言えば、かなり冷え込むなということがわかります。

ところが怒りの感情は測ったことがないので、今自分がどの程度怒っているのかよくわからないのです。

本当は今怒っている程度とこの前怒っている程度では違うはずなのですが、比較をしたことがないので、言ってしまえば毎回新鮮に怒っている状態なのです。

そこで、これからはイラッとする度に怒りの点数をつけてみます。例えば、0点を心が穏やかな状態、10点を人生最大の怒りとしてみます。

イラッとしたら、これは3点くらいかなとか、この前よりは強いから5点かなとか、あるいはイラッとはしたけど、すぐに消えるような程度だから1点かなといった具合です。

点数をつけることで、その場で客観的になれ、6秒をやり過ごすことができるようになります。

はじめのうちはこれを3点にするとこの前の5点はおかしい、これを4点にするとあれが1点ということはない等、行ったり来たりすると思います。でもつけ続けているうちに自分の中できれいな階段がつくれるようになります。

そうすれば、**自分が今どの程度の強度で怒っているのかが理解でき**、冷静に対処することができるようになります。

怒りの点数をつけてみる

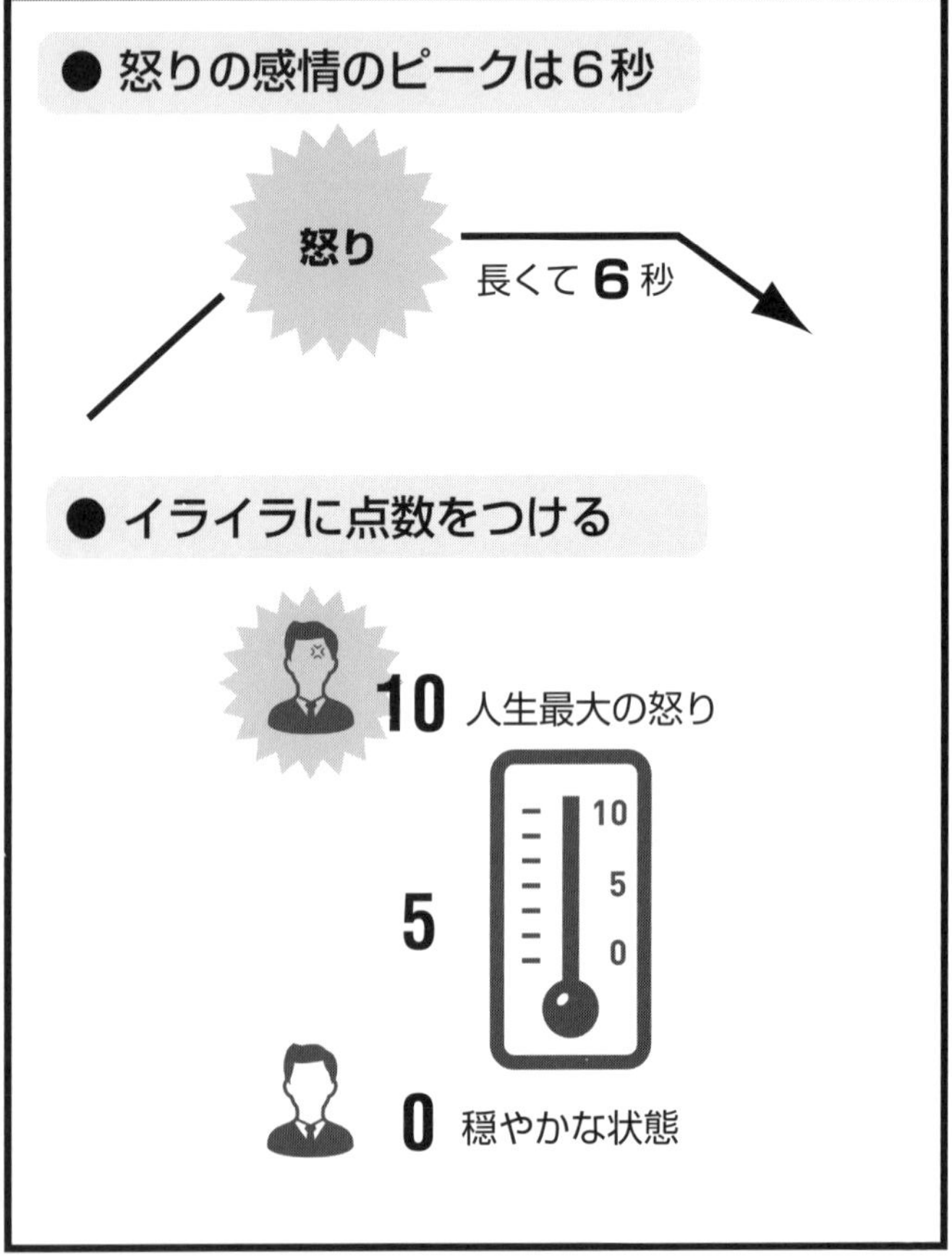

叱って好かれる人になる3つのルール

部下がついてくるリーダーと部下に見放されてしまうリーダーの間にはどんな違いがあるのでしょうか?

叱り方から見えてくるリーダーの資質を考えていくと、叱っても好かれる人の3つのポイントがわかってきました。

叱って好かれる人①「素直に怒れる」

自分が怒りを感じた時に、人の顔色とか、良くも悪くも後先考えずに、自分が怒っていることを素直に表現できる人は怒ったとしても人から嫌われることはありません。

ここでいう素直さとは、子どもがするような率直な感情表現です。子どもは好きなことには夢中になり、嫌いなものに対して空気を読まず嫌いといいます。

大人になると子どものようにストレートに怒るというシンプルなことが難しくなります。自分の軸からはずれたものを押し付けられたりして本心ではカチンときても、笑って済ますことが大人だという人もいるでしょう。

そういう人を我慢強くて偉いという評価もあるかもしれませんが、「口元は笑っていても、目が笑っていない」ような人は何を考えているのかわからない人、実は計算高い人として無意識に警戒する対象として見られてしまいます。

一方、**素直に怒れる人というのは、その怒り方に年齢関係なく可愛らしさを感じさせます。子供っぽさはどこか憎めない**ものです。

有名人でいうと、松岡修造さんの叱り方はこの「素直に怒る」の典型的なケースです。松岡さんがテニスを習う子どもたちに向けて熱心に叱る様子はとても微笑ましく、人に不快感を与えません。そこに計算はなく、相手のことを思っている気持ちを感じられるからです。

叱って好かれる人②「ルールを明確に怒る」

相手によって叱るときと叱らないときがある。そういう叱り方をすると周囲は混乱します。

何を叱って、何を許すのか。CHAPTER2で書いた「べきの境界線」を思い出してください。叱るか叱らないかを決めるのは2つ目の丸の境界線、自分とは違うけれど許してもいいというラインです。

実はこの2つ目の線は、気分によって「今日は大目にみよう」とか「この子は新入社員だから厳しくしよう」など、揺らぎやすくできています。

自分の中では些細な差でも、叱られる側はそうはいきません。叱ると決めたら誰であっても、いつでも叱る。**叱る基準は動かさない**、確固たる態度で臨みましょう。

叱って好かれる人③「人のために怒れる」

保身のためではなく、仲間のために怒れるかです。どんなに自分が苦しくなろうとも、仲間のためだったら怒れる人は人から共感されます。

そもそも叱るということは、親が子を思って、教師が生徒を思って、上司が部下を思って行う利他的行為のはずです。

そのことが相手に伝わっていれば、叱り方が不器用だったとしても、叱られる側はしばらくの間、多少人間関係がギクシャクしても相手のことを嫌いにはなりません。

相手のために、嫌われるかもしれないが言いにくいこと伝えるという、リスクのある行動ができる人というのは尊敬に値するからです。

一方なにかトラブルが発生したとき、自分の責任回避や誰か他の人に責任を負わせるためのデモンストレーションのように誰かを叱る人というのはヒンシュクを買います。

「お前のせいで、こんなことになっただぞ」「どうすればいいか、わかっているんだろうな」などと言って部下に責任をなすりつける人をリーダーとして付いていくことはできるでしょうか。叱ることを自己保身の手段にすると尊敬も信頼も失います。

素直に表現する、ルールが明確、人のために叱る。この3つの条件を満たしているのは、実は少年漫画のヒーロー達です。ドラゴンボールの孫悟空、ワンピースのルフィなどはその典型です。

だから、ヒーロー達は怒っている割には人気があるのです。大人目線からすれば、ちょっとそんなことで怒って大人気ないと思うかもしれないような描写も多々ありますが、3つの条件を満たしているから好かれるのです。

叱って嫌われる人

この3つのポイントをすべて真逆にしてしまったら、どうなるでしょうか。計算高くて、ルールが不明確で、自分の保身のために叱るような人です。

計算高く叱るとは、ここで叱っておいた方がいいだろうと考えてみたり、ポジショントーク的に叱ってみたり、みんなの前で威圧するように叱ってみたりと、策略を練りながら叱ることです。

こうした計算高さはすぐに見透かされてしまいます。自分ではスマートに演じながら叱っているつもりでも、相手はそうはとってくれません。

そしてルールを不明確に叱る人も嫌われます。ルールを不明確にするとは、気分で叱るようなものです。ある日は叱るけど、ある日は叱らない。また、「この人がやっても見逃すけど、こいつがやったら叱る」と人によって態度を変える。

これでは信頼できるリーダーにはなり得ません。そもそも、なぜ叱っているのかが不明確なので、ただの気分屋と見られてしまいます。

気分で叱っていると思われると、叱られた側は、「どうせ今日は機嫌が悪いから怒っているんだろう」と思い、取り合ってくれないようになってしまいます。

叱ることはリクエストですが、リクエストが通りづらくなってしまうのです。

叱って好かれる人、嫌われる人

● 好かれる人の叱り方

① 素直に怒れる	子どもっぽさは憎めない
② ルールを明確に怒る	叱る基準は動かさない
③ 人のために怒れる	仲間のための怒りは共感される

● 嫌われる人の叱り方

① 怒り方が計算高い	計算高さは見透かされる
② 怒るルールが不明確	気分屋だと思われる
③ 自分の保身のために怒る	保身は他人から見て醜い

保身は醜いものです。自分の責任回避のために必死に叱っていれば、必死さが増すほど、部下の心は離れていくでしょう。

叱る側には人間性が求められます。聖人君子のようになる必要はありませんが、最低限、この人からなら叱られても仕方がないと思えるような人間、上司でありましょう。

CHAPTER 4

ムダに叱らない自分になる

092

叱る目的を確認する

私たちは相手が自分の思い通りに動いてくれないとイライラします。とくに上司と部下という上下の関係性の中にあると、叱って相手を動かそうと考えてしまいがちです。

しかし、強く叱れば叱るほど、相手に思いが伝わると考えていると、叱り方がどんどんエスカレートしていきます。確かに怒鳴ったり、怒った顔をしたりすれば、怒っているということは相手に伝わります。しかし、何のために叱られているかが伝わらないと、相手は動いてはくれません。

相手が怒っていれば、恐怖や面倒臭さからしぶしぶ動く人もいるでしょう。しかし、意図を理解しないまま動いても、それはミスやトラブルを生むだけです。

叱る側は「こんなに言っているのになぜわからないのか！」と、ますますヒートアップしていきますし、叱られた側は理不尽に感じて心を閉ざし、ますます意図は伝わりにくくなる悪循環になり、関係も悪化します。

人を動かすには叱る以外にもさまざまな方法があります。 場合によっては、褒める方が叱るより効果的なこともあります。

叱るということは確かに上司が果たすべき役割ではありますが、今自分が相手に対して望んでいることは、叱るという方法で伝えることがベストなのか、叱る前に一度検討してみる必要があるといえるでしょう。

叱るという行為が効果的なのは、それだけパワーがあるからです。その分、副作用もあることはこれまでお伝えしてきたとおりです。そのリスクを考えれば、叱る必要がないときは怒らないという選択をするのがよいでしょう。

ただ自分のイライラをぶつけたいだけではないのか、自分の思い通りに動かしたいだけのでないか、本当に相手のためになることなのか、線引きは的確か、ルールに照らしてみましょう。

叱るべきかどうかの判断基準

叱るべきかどうかということは非常に難しい判断です。たとえば部下がミスをしたときの対処ひとつをとっても、ミスの内容、被害の状況、部下の経歴や性格、周囲への影響などさまざまな要素をふまえて判断しなければなりません。単純に条件で判断したり、数値で測ったりすることができません。

例えば朝9時までに前日の日報を提出するといった、予め決めていたルールを破ったということであるならば躊躇なく叱れますが、思いがけないところで問題が発生するのがビジネスです。

叱るべきかどうか悩んだときは**「今、叱らなかったら後悔するか」を自分に問うことが最も頼りがいのある指標**になります。

今叱らなかったら後で自分を責めて罪悪感を抱くことになりそうだと思ったら、思い切って叱る必要があるということです。
逆にまだそこまで後悔することはなさそうだと感じているときは、しばらく様子を見たり、他の方法を試したりするなどして、叱らずに済ませてしまえばいいのです。

実際どれほど考え、注意を払っていても、「あー、こんなことくらいで叱らなければよかったな」と叱って後悔することももちろん、あるいは「あの時なぜ伝えなかったのか」などと叱らずに後悔することもあります。
自分の経験や感覚に基づいて決めるしかないというとあまりにも頼りない、もっと機械的にドライにキッパリと線引きができないのかと思う人もいると思います。しかし、正解は叱る前にはわかりません。

ここまで何度か言ってきましたが、叱ることは技術です。正しい知識を身につけ、練習を繰り返し、実践していくことで、徐々に上達していくものです。

上達することで、叱る必要のあること、叱る必要のないことの区別が自然とできるようになります。

叱る必要があると瞬時に判断することができれば、叱らなければいけない場面では自信をもって部下を叱ることができます。

逆に叱る必要がないと判断できれば、叱ることもなくその場を終わらせることが苦もなくできるようになります。

今はそういう場面が想像できないかもしれませんが、単純に練習を繰り返すことです。

ゴルフであれば、100をきるなんて想像できなかった初心者も、練習を繰り返すことでアベレージで100を切れるようになります。ロードバイクであれば、時速30キロで巡航するなんてとても無理なんて思っていた人も、脚力をつけるトレーニングを繰り返すことでできるようになります。

叱ることも同じように、練習しなければ上達はしません。逆に言えば、**練習をすれば誰でもある程度までは必ず上達する**ものです。

ムダに叱るとどうなるか

仕事をしていく上で、叱ることは大切なことですし、必要なことですが、上司があまりにも頻繁に叱ったり、その叱り方が強すぎたり、不当だったりすると職場の雰囲気は悪くなります。

そのような上司の下だと、部下は始終緊張を強いられ、ビクビクしながら仕事をすることになります。

ストレスにさらされていると、新しいアイデアも湧きませんし、やる気も低下します。

上司の叱責を恐れるあまり、悪い情報を上に報告しなくなったり、「こんなことを聞いたらまた叱られるかもしれない」と相談を躊躇したりと、コミュニケーションはどんどん少なく、悪くなっていきます。

人は距離をとればとるほど、さらに近寄り難くなりますので、人間関係は悪化こそすれ、良くなることはありません。これでは高い生産性を上げることなど到底できません。

当の本人だって、ムダに叱り続けていれば疲れますし、本来やらなければいけないことに力を割くことができなくなります。

やらなければいけないことに注力できなくなるから、思うような成果が上げられず、そのストレスから、またムダに周りを叱るという悪循環に陥っている人も多いでしょう。

職場に一人でもそのような上司がいれば、その職場は非常に働きにくい環境となり、良いことは何もありません。

アンガーマネジメントでは、怒ることも、叱ることも問題ないと考えていますが、怒りの感情が次ページの図にある4つの性質にあてはまると問題です。

部下を怒りの感情にまかせて叱っていないか、次の項目でチェックしてみてください。

怒りの感情チェックシート

あなたは部下を、
怒りの感情に振り回されて叱っていませんか？

	①強度が高い怒り
	一度怒り出すと気が済むまで全力で怒ってしまう
	周囲のことも気にせず大きな声で怒鳴る
	相手が反省している様子でもとことん怒る

	②持続する怒り
	いつまでも怒りを忘れられず、根に持ってしまう
	どれほど月日がたっても忘れられない怒りがある
	思い出しては怒りを再燃させてしまう
	怒りを通り越して、恨みや憎しみに凝り固まってしまうことも

	③頻度が高い怒り
	いつも怒っている人だと思われるくらい頻繁に怒ってしまう
	いつでも不機嫌
	年中なにかしらイライラしている

	④攻撃性が高い怒り
	他人に当たったり、責めてしまう
	自分を責めて、怒りを溜め込んでしまう
	ドアを叩きつけて出ていったり、手近にあるものを投げつける

日頃からのコミュニケーションを増やす

仕事で思いがけないミスやトラブルが発生するときは、コミュニケーションが機能していないことが多々あります。

上司と部下が互いによく知り合い、親しくなり、率直に話し合える間柄でいれば、そもそも発生しないトラブルもあります。

ビジネスの付き合いだからプライベートなことを知られたくない、公私はしっかりと分けたいという人も多いとは思いますが、公私の垣根を超えたところに、叱る時に参考になるヒントが隠れていたりもします。

相手に自分のことを知ってもらうためには、日頃から自己開示を積極的にしていきましょう。

自己開示と言っても難しいものではなく、今何に興味がある、最近嬉しかったこと、感動したこと、意外に思ったこと等々プライベートなことも含めて普段感じたことを気さくに話せばいいだけです。

コミュニケーションの量と親近感は比例します。普段からコミュニケーションがとれていれば、親近感、信頼感を抱かれやすくなります。接触回数に応じて好感度が上がることはマーケティングの世界でも知られています。だから、企業はあの手この手を使って、普段からお客さんにアプローチをするのです。

逆にコミュニケーション量が減ると、不信感は大きくなります。そして、不信感が大きくなれば、疑心暗鬼を生じ、今よりも距離をとられる結果につながります。

過去、未来ではなく今に集中

「マインドフルネス」という言葉を聞いたことはありますか？

マインドフルネスとは、教育・ビジネスなどの現場で実践されている**「今この瞬間」の自分の体験に集中する**ためのストレス対処法です。

なぜこのマインドフルネスが世界的に注目を集めているかというと、不安などからの解放、ストレス軽減、免疫システムへの好影響、うつ状態の改善等々、さまざまな有用性が研究されていることに加え、感情のコントロールに役立つと言われています。

これはもちろん、上司として部下を叱るという重責に耐えている人にも試す価値があるものだと思います。

私たちはイライラしているとき、「現在」について考えていません。過去にあったことを思い出してイライラしてみたり、この先の未来、どうなるのか不安になってみたり、「腹立つことがあるなぁ」なんてぼんやり思ってみたり……今現在以外のことを考えてどんどんイライラ、怒りの感情は大きくしていることが多いのです。

叱るときも同じです。叱ったらどうなるか、嫌われるのではないか、離職するのではないかなど、まだ起こってもいない未来を心配してにっちにさっちもいかないときは、**「現在」に集中すればいい**のです。

現在に集中して自分の感情を客観視するクセがついていると、不安な気持ちが緩和され、衝動的に反応することが少なくなります。

一時の怒りに負けて反射的に怒鳴ったりせず、自分の感情を受け入れて、部下や職場のために何をすべきか、そこに意識を集中することの手助けになるのです。

変えられないものは受け入れる

道路の渋滞や悪天候による飛行機の遅延などは、自分や部下が頑張っても、どうにもならないことです。イライラしてもはじまりません。それと同じように、いくら頑張って叱っても変えることができないことがあります。

たとえば上司がとても苦手なタイプだったとき。

上司が異動してくれないか、もしくは自分が異動したいなと思っても思うようにはいかないことが多いですよね。毎日「顔を合わせたくない」「会社に行きたくない」と憂鬱になります。

一方で苦手上司をなんとか愛される上司に変身させることができないかと頑張る人もいるかもしれません。

なんとかセクハラ発言をやめてほしい、なんとか職場の飲み会でダラダラ遅い時間までみんなを付き合わせて飲むのをやめてほしい。しかしそう訴えても変わらない人もいます。

アンガーマネジメントでは、**変えられることについては積極的に関わりコントロールしようと努力します。しかし、変えられないことについては、変えられないことを受け入れ、現実的な選択肢を探します。**

できること、できないことの線引きができるようになるだけでも、今までより気持ちの整理はつき、イライラや徒労感をぐっと減らすことができるでしょう。

「過去と他人は変えられない」という言葉があります。これはカナダの精神科医であるエリック・バーン氏によるものです。

過去と他人は変えられないからといって、ではなんでもかんでも関わるだけムダ、放っておけばいいのかと言えば、そんなことはありません。

私は過去の解釈と他人の行動は変えられると考えています。確かに他人の性格や人格を変えるのは非常に難しいことです。でも、こちらが働きかけることによって行動を変えてもらうことはできます。

例えば、部下のだらしないという性格を変えることはできないかもしれませんが、毎日定時に出社するという行動をしてもらうことはできます。

あるいは報告書の書き方が上手にならない部下について、報告書の書き方の技術を上げてもらうことはできます。

変えられること、変えられないことを線引きできるようになることも、上手に叱るために必要なスキルです。

変えられること、変えられないこと

正解は自分の中にしかない。変えられること、変えられないことを自分で分けておこう。

変えられる コントロール可能	変えらない コントロール不能
重要	重要
重要でない	重要でない

CHAPTER 5

叱り方の教科書

叱り方のＮＧな態度

さて、では本ＣＨＡＰＴＥＲでは実際に具体的な叱り方のポイントを見ていきましょう。

まずは**やってはいけない叱り方の態度、ＮＧワード**を覚えていただきます。

あなたが普段何気なく叱っている態度の多くには、やってはいけない態度があります。そして、ＮＧワードにいたっては、普段いかに自分がＮＧワードばかりを使って叱っているかに驚愕すると思います。

これまで私達は叱ることを技術、トレーニングとして考えたことがないので、悪い習慣、悪い癖を持ったままここまできてしまっています。

あなたが当たり前、自然と思っている叱り方は正しいものでもなければ、決して効果的なものでもありません。

ここで一気にこれまでの悪い習慣、癖を直してしまいましょう。その上で理想的な叱り方のできるリーダーになるためのポイント、トレーニング方法を紹介していきます。

①機嫌で叱る

機嫌で叱るというのが最もやってはいけない叱り方です。機嫌で叱るというのはCHAPTER2で紹介した**「べきの境界線」**を思い出してください。**機嫌で叱る人は、この「べきの境界線」の二重丸目と三重丸目の線が日々動いてしまっている人**のことです。

例えば、10時集合とした時、ある日は10時に来ても叱らないのに、ある日は5分前に来たら「遅い！ 10分前集合が常識だろ！」と叱ることです。これは叱る基準が動いている、機嫌によって左右されている証拠です。

機嫌で叱ることの何がNGかというと、叱られる側が「どうせ機嫌が悪いから怒ってるんだろ。今はスルーしておけばいいか」と叱っている内容を聞いてもらえなくなります。

先に書いたとおり、〝叱る〟はリクエストです。リクエストを聞いてもらえない態度になってしまわれたら、何をどんなに言っても伝わらなくなります。

私たちの多くは機嫌で叱り、叱られるという経験を何度も繰り返しています。

子どもの頃であれば、部屋を散らかした時に怒られた記憶があるでしょう。でも、ある日は親の都合で「今日は自主性に任せてみる」と怒られないことがありました。

学校に行っては、同じことをしてもA先生は叱るけど、B先生は叱らない。会社に入れば、C上司は叱るけど、D上司は叱らないといった具合に、同じ基準で叱られないという経験を積み重ねた結果、心のどこかで、「人は機嫌で叱るもの」という思い込みができています。

何度叱っても相手に響かないのは、自分の叱り方の問題もありますが、叱られる側がこれまでに、叱られていることが伝わりにくくなる素地を作ってきてしまっているところもあるのです。

だからこそ、なおさら上手に〝叱る〟を伝えるためにも、**叱る基準を動かさない、機嫌ではなく、ルールで叱るということを徹底する**ことが必要なのです。

叱って嫌われる人、好かれる人のところでも書きましたが、ルールを動かさずに叱れる人は基準が明確であり、公正な人と思われるので、叱ったとしても、この人なら仕方がないと相手は受け入れてくれます。

逆にいつも機嫌に左右されて叱っているような人は、ただの機嫌屋、気分屋というレッテルをはられ、人がついていきません。

叱る時は常に「べきの三重丸」を意識しながら、今叱ろうとしているルールはなんだろうか、ルールに添って叱ることができているかをチェックしてみましょう。

先程の「時間を守るべき」ということで叱りたいのであれば、10時までに来たら許すと決めたら、どんなに機嫌が悪くても許します。一方で、10時を1分でも過ぎたら、どんなに機嫌が良くても、「今遅れているよ」と注意をすることです。

これが叱る側の努力であり、そうやってルールで叱るということができるようになっていきます。

②人格を否定する

あなたが**叱ってよいのは行動、行為、ふるまい、結果**です。逆に**叱ってNGなのが、人格、性格、能力**などです。

ですから、遅刻をしたということを叱ることはOKですが、「だらしがないから遅刻をするんだ!」と叱ることはNGとなります。

冒頭に紹介した日本アンガーマネジメント協会の「怒りが感情に及ぼす影響調査」でも、人格を攻撃された場合、そのことを引きずる人が多いことがわかっています。

人格や性格などを叱られると、不当に攻撃されたと受け取る人が多くなります。不当に攻撃されたと思われてしまうと、やはりリクエストは通りづらくなります。

リーダーは親ではありません。躾をすることが目的ではなく、企業にとって正しい行動をしてもらうことが目的です。

躾と指導を混同している人は実に多いです。指導が躾までに及んでしまうと、私生活の監視までするようになってしまいます。これは完全に越権行為です。パワハラになりかねない叱り方をしてしまうでしょう。

叱ろうとする時に、**行動、行為、ふるまい、結果**について叱ろうとしているのかを確認しましょう。

その時のポイントは、**事実だけを叱る**ということです。事実と思い込みを混同してしまうと、簡単に人格や性格などを攻撃することになってしまいます。

ここでは代表的な思い込み言葉を紹介します。こうした言葉を使おうとしている時、間違いなく、事実だけでなく、思い込みから叱ろうとしています。

・みんな
・常識

・普通
・一般的に
・当たり前　等…

いかがでしょうか。こうした言葉は叱る時に実によく使いがちです。「みんなそうしている」「こんなの常識だ」「これくらいのことができて当たり前だ」等々。

リーダーとしての戒めとして、私たちは繰り返し、事実と思い込みを混同しながら叱っていることを認識しておきましょう。

事実でないことを叱られた部下は、当然のことながら事実ではないわけですから、あなたの叱っていることに聞く耳を持たなくなりますし、さらにはあなたに対して「そんなデタラメをよく言えるな」と不信感を募らせてしまいます。

ここで少し、私たちがいかに事実と思い込みを混同しているのか試してみましょう。

次の文章の中に事実と思い込みが隠れています。事実と思い込みをそれぞれ分けてみてください。

「遅刻をするなんて、社会人として失格だ！」

さて、いかがでしょうか。これは簡単ですね。**事実は「遅刻」で、思い込みは「社会人として失格」**です。遅刻をしたからといって社会人失格になるかどうかはわかりません。

では次はいかがでしょうか。

「客先からクレームが来たぞ。お前の対応が下手だったからだ！」

事実はなんでしょうか。普通に考えれば「客先からクレームが来た」ですね。

そして、思い込みは「お前の対応が下手だった」です。

いかがでしょうか。多くの人はここでひっかかるのではないでしょうか。

事実は「客先から連絡がきた」です。クレームかどうかはわかりません。お客さんは意見を言った、事実を言っただけと思っているかもしれません。クレームかどうかはこちらの思いこみだったりします。

事実と思い込みを分ける練習をしようという前提をもってしても、事実と思い込みを分けるのは意外と難しかったりします。

これが頭に血が上っている時であれば、なおさらです。**叱る時は事実のみを指摘する。**このルールを守っていきましょう。

③人前で叱る

叱られるというのは、どんな場合であっても叱られた側は少なからず恥ずかしいと思うものです。

叱る側としては、見せしめ的なことを考えて、わざと人前で叱ることをする人がいるかもしれません。

でも、それはやめておきましょう。〝叱る〟が届きづらくなります。叱られる側は人前で叱られている時、恥をかかされたという気持ちでいっぱいになります。そうなると、あなたが叱っている内容が耳に入らなくなります。

叱る時は一対一。面と向かって。これが基本です。

メールや電話で叱る人もいますが、面と向かって一対一で叱ることに比べれば、望ましいものではありません。

叱られる側は、叱っている側の表情、手振りなどを実はよく見ています。そうした中から叱る側のリクエスト、伝えたいことを読み取ろうとするのです。表情などの見えない電話やメールでは、受け取れる情報が圧倒的に少なくなります。そうすると、不要な誤解を招いたり、疑心暗鬼になってしまうことが多々あります。

叱る側も面と向かって一対一となると、身構えたり、やりづらく感じるかもしれませんが、**叱ると決めた以上は堂々と〝叱る〟に向き合ってください。**

叱る側も気持ちの良いものではありませんが、叱られる側はもっと気持ちの良いものではないのですから。

あなたが叱ることに向き合わなければ、相手はただ嫌な気持ちになったという感想しか持たないでしょう。

④感情をぶつける

CHAPTER1でも書きましたが、〝叱る〟の主目的はリクエストを伝えることで、従目的が自分の気持ちを伝えることです。

ところが、実際の叱る場面では、自分の気持ちばかりを伝えようとしてしまいます。目的が「自分の気持ちを理解しろ」になってしまっています。

それでは本来伝えたいこと、やって欲しいことが伝わらないばかりか、相手は責められたという印象ばかりが強くなってしまいます。

怒りの感情は防衛感情とも呼ばれます。動物にも怒りの感情はありますが、動物にとっての怒りの感情は、本来は身を守るために備わっています。

動物の目の前に天敵がでてきます。この時、**動物は自分の命を守るために、**

戦うか逃げるかの二者択一の行動をします。動物にとっては交渉などはなく、単純に戦うか逃げるかなのです。これを専門用語で言うと、闘争逃走反応と言います。

この時、身体がリラックスしていると、戦うことも、逃げることもできません。そこで、怒りという感情を使います。

すべての感情は味気ない言い方をしてしまえば、ただの神経ホルモンです。怒りという感情はアドレナリンと密接に関係しています。

動物は目の前に天敵が現れた時、怒りの感情を発動させます。怒りが生まれるとアドレナリンが放出されます。アドレナリンが出ると、呼吸は浅く速くなり、心臓はドキドキして血液を体中に送ります。血液が体中に送り込まれることで身体は臨戦態勢になり、天敵に襲いかかることも、その場から脱兎のごとく逃げることもできるようになるのです。

これが本来の怒りという感情の役割です。

現代社会では、命の危険を感じるような天敵が目の前に現れることはまずありません。ただ、私たちが怒っている時、それは命ではなく、考え方だったり、価値観だったり、大切なものだったり、譲れない何かを守ろうとしているということです。

そう、**怒るというのは、何か大切なものを守ろうとしている行為**とも言えるのです。

感情的に叱ってはいけないというのは、感情的に相手を叱れば叱るほど、相手は責められたと感じます。

つまり、目の前に天敵がいると自動的に思います。すると、先程の闘争逃走反応で臨戦態勢になり、自分の身を守ろうとするのです。

すると、こちらの言っていることは耳に入りません。責められたと感じた相手は怒りの感情を発動させ、叱っている側に襲いかかるか、その場から逃げるかを身体に選択させようとするのです。

ですから、感情的に叱ると、相手から返ってくる反応は「逆ギレ」か、「言い訳」ばかりになってしまい、〝叱る〟が効果的に伝わらないのです。

叱るときに使ってはいけないNGワード

では次に叱る時に使ってはいけないNGワードを覚えていきましょう。

NGワードというのは、叱っていることが上手に伝わらなくなってしまう言葉のことです。

これらのNGワードを使っていると、叱っている内容が伝わらないどころか、むしろ相手に反発されることにつながります。そう、**効果がないどころか、逆効果になってしまうワード**なのです。

叱る内容を最終的に伝える手段が言葉です。その手段を適当に使っていれば〝叱る〟は上達しません。

言葉を選ぶのはとても難しいものですが、逆に言えば、言葉選びを気をつけるだけで、〝叱る〟が上達するのであれば、とてもわかりやすい努力ですし、簡単に取り組めるものです。

小さな努力で高い成果を上げたいと思うのが人情です。NGワードを使わないというのは、まさにこのことになるでしょう。

普段、私達はこれらのNGワードを意識せずに、かなり使っています。こうしたNGワードを使わずに叱れるようになりましょう。

【NGワード①】過去を遡る言葉

こちらが叱っているのに、相手が逆に自分の方が正しいとばかりに反論してきて思うように反省を促せないようなとき、ちょっと押され気味だと感じると**過去を引っ張り出して責める言葉**を使ってしまいがちです。

いかに自分の方が正しい理由で怒っているのかを知らしめたいために、過去の事例をあげて相手を納得させようとするのです。

しかし、相手からすれば、「はあ?」という感じです。なぜ今さらそんなことを言うんだと不信感を持ちます。不信感を持った時点で、叱っている内容を素直に聞けなくなってしまいます。

また、過去を引っ張りだすことのもう一つの問題点は、相手を負かせるまでどこまでも時間を遡ってしまう点です。言い始めたらキリがありません。相手も「今まで普通に付き合ってきたのに、心の中ではずっと自分を批判的にみていたんだ」と感じて、後々の人間関係に影響することにもなります。

叱る時は、**その時、その場所で起きたことだけ**にします。もしその場で叱りそびれたら、次回同じことが起きた時に叱りましょう。

＜過去に遡る言葉＞

「前から言おうと思ってたけど」

「何度も言ってるけど」

「繰り返し言ってるけど」

「これで何度目だと思っている」

「またなの？」

「あのときもそうだったよね？」等…

【NGワード②】責める言葉

「なんでできないんだ？」「なぜやらないんだ？」といった過去に起こったことに対する質問は、警察が犯罪者に対してする尋問のように威圧的に感じられ、叱られる側は萎縮してしまいます。

強い口調で責められると、相手は身を守ろうとして、その場から逃げるか、反論するかのどちらかを選択します。

もはや下を向いて「すみません」「申し訳ありません」としか言えなくなる部下もいます。そうなると怒られた、叱られたということだけが記憶に残り、肝心な叱られている内容から意識は離れてしまいます。

仕事では「なぜなんだ!?」と大声で問いただしたくなるような理不尽な場面にぶつかることはよくあります。それを引き起こしたのが部下であれば、きっちり詰めたくなる上司の気持ちもわかりますが、ここはすでにやってしまったことを問い詰めるより、問題の解決を優先させるのが効率的です。

まずは、上司の側から切り替えて**「どうしたらできる？」「次は何があれば**

できると思う？」など未来を聞く質問を投げかけて、相手に考えさえ、自分の責任で選択肢を選ぶように指導します。

過去を聞くことは責めること、未来を聞くことは考えさせること。相手の意識を未来に向けて状況を変えていきましょう。

＜詰問調になる言葉＞

「なんで？」

「なんでできないんだ？」

「なぜやらないんだ？」

「わかってるのか？」

「それで？」等…

【NGワード③】強い表現

「いつも」「絶対」「必ず」は物事をわかりやすく強調する言葉で、「絶対に美味しいよ」とか「必ず泣ける映画だ」などとついつい使ってしまいがちですが、本来はごく限られた100％を満たす条件を示す言葉です。

これら一方的に決めつける言葉を叱る場面で使うのは、レッテルを貼る行為になります。

たとえば「君はいつも遅刻しているな」と言われたら、相手は「普段はちゃんとしているのに！」と「いつも」と言われたほうに反発を覚えて、遅刻してしまったことに反省の気持ちが向きません。むしろ、この人は自分のことを見ていない、不当に評価をしていると不信感を覚えます。

こういった断言や決めつけの言葉は、本来扱いが難しいのです。相手の行為をとっちめてやりたくて強い言葉を使っても、それは思わぬ副作用を招きます。「いつも遅刻している」ではなく「今週は2回も遅刻しているね」と**シンプルで正確な表現**を心がけるようにしましょう。

＜決めつける言葉＞
「いつも」
「絶対」
「必ず」
「毎回」
「間違いなく」等…

【NGワード④】程度言葉

「しっかりやれ」「ちゃんとしろ」とつい言ってしまいがちです。使いたい気持ちはわかりますが、これらの言葉は程度言葉といって、相手には伝わりにくい言葉です。

「しっかりやれ」と叱れば、叱られた側は「しっかりやってるのに何が気に食わないんだ!?」と思います。

「ちゃんと報告しろ！」と叱れば、「ちゃんと報告したのに、覚えてないだけだろ！」と素直には聞いてくれません。

これも感覚的な程度ではなく、具体的な表現を使いながら伝えたいところです。「ちゃんと報告しろ！」ではなく、「ここここの数字について報告してくれ」「この問題の対応策について具体的なステップはどうなってる?」等々。

ここまで考えていちいち叱らなければいけないのかと思われるかもしれませんが、これまでのやり方があまり上手く機能していなかったので、叱り方に苦労しているわけです。

折角の機会ですから、ここで叱り方を変えていきましょう。単純に練習するだけで上手になるわけですから、コツを覚え、繰り返し挑戦していきましょう。そのうちに意識しなくてもできるようになります。

＜程度言葉＞
「しっかりと」
「きちんと」
「ちゃんと」
「普通」
「当たり前」
「常識」等…

上手に叱れる人を真似する

叱り方のやってはいけないこと、コツなどを学んではいるものの、まだ本当に自分が上手に叱れるだろうかと自信のない人が多いと思います。

ここでは手っ取り早く叱り上手になるための方法を紹介します。

それは、ズバリ、**上手に叱っている人を真似する**ことです。上手に叱っている人を真似することで、あなたも叱り上手になることができます。

真似をする人は誰でも構いません。これまでに実際にお世話になったことのある上司、あるいは見ていて「あの人のように叱れたらいいな」と思える人から、極端な話、映画の主人公、マンガのヒーロー、小説のキャラクター等々、あなたが具体的にイメージできる人であれば誰でも構いません。

その人を真似してみましょう。

・何をもってして上手と思っていますか？
・どのような場面のどのような言い方が上手だと思いましたか？
・どのようなセリフが上手だと思いますか？
・どのような声がけをしていますか？
・どのような振る舞いをしていますか？　等…

具体的にイメージしてください。そして、実際に部下を叱る時、あの人ならどのような言葉、表現で、どのように叱るでしょうか。その場面が想像できるでしょうか。

この方法はアンガーマネジメントではプレイロールというテクニックです。プレイは演じる、ロールは役割です。自分が理想とする役割を演じるということです。

このテクニックはハリウッド映画のメソッド演技というものからきているという説があります。

メソッド演技とは、本当にその役になりきることです。今では当たり前のように思われているかもしれませんが、昔は役者は単純にセリフを読むだけでした。

ところが、太った役を演じるのであれば実際に太ったり、アルコール中毒者の役を演じるのであれば実際にお酒を飲んだりと、徹底してその役柄になりきることを目指したのがメソッド演技です。

能力はもちろんのことですが、性格も後天的に獲得することができます。ある性格を演じているうちに、本当にそのような性格になれることがわかっています。

もしあなたが誰かを真似しようとして、具体的なセリフが浮かばない、ある場面でどのように振る舞ってよいのかがわからなければ、それはその人についての研究が足りないということです。もっと身振り手振りまで含めて真似をする研究をするか、他の人を選んでみましょう。

いつもと違うことを試す

アイツはいつも同じことの繰り返し、毎回叱っているのに言うことをきかないと悩んでいる人は多いでしょう。

「何度も言っているのに……」「毎回同じことを言っているのに……」等々。

でも、それはもしかすると叱り方が同じだから相手の心に届かないのかもしれません。**同じ叱り方でうまくいかないのであれば、こちらが試しに叱り方を変えてみましょう。**思わぬ効果が得られるかもしれません。

考えてみてください。もし誰かが野球をやっているとして、毎回同じミスを繰り返しているとすれば、いい加減他の方法をやってみたらと思うのではないでしょうか。

〝叱る〟も一緒です。毎回同じようなことを繰り返し叱っていながら、言うことを聞いてくれないと嘆いているなら、他の方法を試してみればいいのです。

私たちは何かを変えることを非常に嫌がります。些細なことでも変えたくありません。変えると居心地が悪いし、なんとなく違和感を感じます。

例えば、毎朝見るテレビ番組はどうでしょうか。毎朝、違う番組を見ている人はいないのではないでしょうか。なんとなく同じ番組を見ている。たまに違う番組がついていると、なんとなく違和感を感じたり、朝のペースをつかめなかったりするのではないでしょうか。

通勤電車はどうでしょうか。定期券があるから同じルートの電車に乗るのはいいとして、同じ車両に乗る必要はないのに、同じ車両に乗っていることが多いのではないでしょうか。そして、周りを見ると同じ顔ぶれがいたりします。

同じレストランで同じ食事をする、飲む場所も大体一緒、会社帰りにすることも一緒で、週末の時間の過ごし方もワンパターン。

このように私たちは無意識のうちにワンパターンな行動になっています。**ワンパターンになること自体は効率を良くするなどの効果がある一方で、考え方**

や行動を硬直化してしまいます。

〝叱る〟がワンパターンになってしまっているのも、効果がある、ないにかかわらず、何となく一緒の叱り方をしてしまっているというのが現実の姿でしょう。

そこで、何でも構わないので、叱る時に何か一つのことを変えてみます。例えば、叱る時にいつも会議室を使っているのであれば、別の場所にしてみる。いつも同じ言葉がけ、表現を使っているのであれば別の言葉、違う表現を使ってみる。声のトーンを変えてみる、表情を変えてみる、ボディランゲージを変えてみる、叱るトピックを変えてみる等々、変えられることはいくらでもあります。

何でも構わないので、何か一つだけ変えてみてください。もしそれがうまくいくのであれば、それはそのまま活かせばいいのです。もしうまくいかなければ、他のことを試せばいいのです。

何か一つのことを変える時のポイントは次の3つです。

① 変えやすいものを一つ変える
② 上手くいっていることは変えない
③ うまくいっていることを増やす

いきなりドラスティックに大転換などする必要は全くありません。ほんの小さなこと、些細なことでOKです。変えやすいものを何か一つ変えてみましょう。

ポイントは**一度に全部をいきなり変えないこと**です。いきなりいろいろなことを変えてしまうと、何が上手くいっていて、何が上手くいっていないのかわからなくなってしまうからです。

上手くいっていることは変えないというのも、当たり前のようですがとても大事です。何か変えようとする時、上手くいっていることまで変えてしまうことがあります。全部を変える必要はありません。上手くいっていることはそのまま残しておけばいいのです。

うまくいっていることを増やすというのは、少しずつ変える中でうまくいったことはそのまま残しながら、足し算をしていきます。上手くいっていることがたくさん集まれば、より効果的に〝叱る〟が伝えられるようになります。

アンガーマネジメントではワンパターンを壊すことをブレイクパターンと言います。文字とおりパターンを壊すことです。

同じ叱り方に固執せず、柔軟性を上げて、多様な叱り方ができるようになりましょう。

叱り方の引き出しを多く持てるようになると、どんな部下がきても、臆することなく叱れるようになります。

スモールステップをつくる

ここまで叱り方について、やってはいけないこと、やってみたいことなどをお伝えして来ましたが、実際に行動に移さないことにはいつまで経っても叱り方は上達しません。とはいえ、頭ではわかっていても、なかなか行動に移せない人も多いのではないかと思います。

では、どうすれば実際に行動に移すことができるのでしょうか。ここではスモールステップづくりという方法を使って、具体的なアクションを起こしていきましょう。

スモールステップづくりは次の４つのステップで行います。

① 試してみたいことを挙げる

② 試せそうな優先順位をつける
③ 結果予想
④ トラブル対応

叱る時に試してみたいことを複数挙げてみましょう。例えば、プレイロールで○○さんを演じてみる、いつもとは違うトーンで叱ってみる、別の会議室を使ってみる等々。

次にその中で試せそうな優先順位をつけます。ここでは単純に自分がやりすい順番で構いません。試せるかどうかは、物理的な容易さ、恥ずかしいといった心理的ハードルなどをいろいろと考慮します。取り組みやすさを5段階評価してもよいでしょう。

そして、その行動をした結果、どのような結果が得られるかを予想します。もちろん結果は主観でOKです。こんなふうになったらいいなという希望的観測を入れても大丈夫です。望ましい結果について5段階評価してみましょう。

最後にトラブル対応を考えておきます。行動を起こしにくい人はこんなトラブルが起きてしまったらどうしよう……、と躊躇をしています。そこで、先回りをして、予め起こり得るトラブルと対応策を準備してしまいます。これなら行動への怖さが小さくなります。トラブルの対応のしやすさも5段階評価してみましょう。

さて、実際にスモールステップづくりのボックスに、今のことを記入した結果どうなったでしょうか。

この中から自分で判断し、やりやすそうなものを行動に移します。今回のケースで言えば、優先順位、結果予想、トラブル対応のしやすさなどを総合的に見ると、「いつもとは違うトーンで叱ってみる」が取り組みやすそうです。

はじめから大きな一歩は踏み出せません。そんな勇気は必要ありません。小さな第一歩で良いのです。小さな一歩も積み重ねることでどんなに大きな山も登ることができます。

スモールステップづくり		
試してみたいこと		
●プレイロールで○○さんを演じる ●いつもとは違ったトーンで叱ってみる ●別の会議室を使ってみる		
試せそうな優先順位①	試せそうな優先順位②	試せそうな優先順位③
別の会議室を使ってみる	いつもとは違うトーンで叱ってみる	プレイロールで○○さんを演じてみる
難易度 ★☆☆☆☆	難易度 ★★★☆☆	難易度 ★☆☆☆☆
結果予想①	結果予想②	結果予想③
いつもと雰囲気が変わるが、実際に叱るという意味ではあまり目に見える効果は期待ができないかもしれない	相手はびっくりするかもしれないが、自分が思っている以上には聞いてくれるような気がする	うまくいけばあの人のように言いたいことを理路整然と相手を責めることなく伝えられる
難易度 ★☆☆☆☆	難易度 ★★★★☆	難易度 ★★★★★
トラブル対応①	トラブル対応②	トラブル対応③
使い慣れていない会議室だから使い勝手に不安があるので、あらかじめ使いそうな会議室の下見をしておく	違うトーンでいられるかわからないので、普段から違うトーンで叱れるよう練習をしておく	誰かを演じることに気持ちがいってしまい、何を叱りたいのかわからなくなってしまった時のために、あらかじめ叱る内容、ポイントを紙に書いておく
難易度 ★☆☆☆☆	難易度 ★★☆☆☆	難易度 ★★★☆☆
備考・メモ		

実際にスモールステップづくりのボックスに記入してみよう。

スモールステップづくり

試してみたいこと

-
-
-

試せそうな優先順位①	試せそうな優先順位②	試せそうな優先順位③
難易度　☆☆☆☆☆	難易度　☆☆☆☆☆	難易度　☆☆☆☆☆
結果予想①	結果予想②	結果予想③
難易度　☆☆☆☆☆	難易度　☆☆☆☆☆	難易度　☆☆☆☆☆
トラブル対応①	トラブル対応②	トラブル対応③
難易度　☆☆☆☆☆	難易度　☆☆☆☆☆	難易度　☆☆☆☆☆

備考・メモ

CHAPTER 6

部下の怒りタイプ別叱り方アドバイス

部下の怒りタイプ別　叱り方アドバイス

「無くて七癖あって四十八癖」という言葉がありますが、私達には考え方にも癖があります。考え方の癖は感情にも大きな影響を与えます。その考え方の癖はある程度パターン化できます。部下の考え方の癖、パターンを知っておくと、叱る時の大きなヒントとなります。

もちろん、パターンを知ったからといって、万事そのパターン通りに事が運ぶかと言えば、そういうことにはなりませんが、パターンを知っているのと、知らないのとでは、そこにかける労力の大きさは変わります。

私達の考え方、行動は複雑なように見えて、意外な程ワンパターンです。毎朝同じ時間に起き、同じテレビ番組を見て、同じ朝食を食べ、同じ電車に乗り通勤し、同じような問題を抱え……と実は結構ワンパターンに生活しているのではないでしょうか。

部下に対しても同じことを繰り返し叱り、叱り方もワンパターンになっていることかと思います。パターン化することは必ずしも悪いことではないのですが、考え方の癖がそうさせています。

ここでは私が開発したアンガーマネジメント診断という怒りの感情の癖、パターンを知る診断をベースにした叱り方を紹介します。

アンガーマネジメント診断は91問の質問に回答することで、自分の怒りの傾向、特徴、癖、タイプ、怒りやすさなど11項目について偏差値で診断をするものです。

本来は自分のことを理解するために使うものですが、今回は部下の各タイプ（計6タイプ）別に効果的な叱り方を提案します。

部下にアンガーマネジメント診断を受けてもらえれば、タイプは一日超然にわかるのですが、ここではアンガーマネジメント診断を使わずに、部下の普段の言動、考え方などからタイプを推測してみましょう。タイプはある程度は言動、考え方などから推測することができます。

※アンガーマネジメント診断について詳しく知りたい方は拙著『はじめての「アンガーマネジメント」実践ブック』（ディスカヴァー・トゥエンティワン）をご覧ください。同書では特典として、アンガーマネジメント診断がスマホ等で受けることができるようになっています。

TYPE 1

公明正大タイプ

正義感が強く、信念を曲げないタイプ

★見分け方

相手が上司であれクライアントであれ、間違っていると思えば指摘してくる熱血漢。

道理に合わないと判断すると、どこまでも正論を貫こうとして融通が効かなくなる。

☆叱り方アドバイス

このタイプは夢中になると周りが見えなくなり、人間関係のトラブルを起こしがちです。とはいえ、いつも一生懸命でズルさはないので、上司のアドバイスも素直に受け取ります。

たとえば、持ち前の正義感を振りかざして、同僚や取引先と摩擦を起こしてしまった場合、「もっと上手にやれいいのに」といった調子で不用意に説教をすると相手は正論で熱く挑んできます。まずは**「君の考えは正しい」と一旦認めましょう。**

その上で、部下がやるべきことと、それ以外のことを分けて考えられるように指導します。最後に**「期待しているから」**と声をかけてフォローします。

Case study

公明正大の部下を叱るには

公明正大タイプのAくんは、すでに合意した価格から、さらなる値下げを要求してきたクライアントと打ち合わせ中に感情的に言い返し、トラブルになってしまった。

<NGな叱り方>

「なぜ私に報告せず勝手なことをしたんだ!」

「クライアントに怒鳴り返すなんて、君は正気なのか?」

「もっと言い様があるだろう?」


正義感を批判するような言葉で責めると聞く耳を持たなくなり、今度はクライアントではなく上司に向かって怒りを向けてきます。

＜こんな叱り方がおすすめ＞

部下「先方が今頃になって値下げを要求してきたので、きっぱり断ってきたんですがこれでいいですよね！」
上司「もう少し具体的に経緯を教えてもらえないか？」
部下「すでに書面で交わした合意を向こうが一方的に破棄しようとしたんです。この価格でこの企画は不可能です。僕の判断でそう伝えてきました。」
上司「君の言い分はもっともだ。私もそう思う。けれど、クライアントの事情はヒヤリングしてきたのか？」
上司「価格の交渉は私の承認が必要なのだから、報告はあげてもらいたい。君の判断を疑うつもりはないけれど、それがルールだよ。」

TYPE 2

博学多才タイプ

論理的で合理的な完璧主義タイプ

★見分け方

責任感が強く判断が早い職場のエース的存在。

仕事はデキるが、その分相手にも結果を厳しく求めてしまい、敵を作りやすい。

☆叱り方アドバイス

厳しい状況でもやり抜く有能な部下ですが、行動や判断の遅い人を受けいれられないという傾向があります。

上司に面と向かって反抗したりすることはありませんが、心の中では見下している可能性があります。そんな部下には、叱ると決断したら躊躇せず叱りましょう。迷いがあると見透かされてしまいます。

たとえば、同僚とうまくいっていないことを注意する場合、一般論ではなく、その相手とうまく付き合う利点について率直に話し合うなど、上司として如才ない部分を見せつけましょう。**決断力がある力強いリーダーを求めている傾向**があり、また**叱責の内容が合理的な判断**であれば強く言わなくても素直に従います。

Case study

博学多才の部下を叱るには

博学多才のBさんは、仕事ができるが、周囲にも自分と同じようなハードワークとアウトプットを求めるところがあり、メンバーから「なんとしてくれ」と苦情が来てしまった。

＜NGな叱り方＞

「君は自分が他のメンバーに嫌われているってわかってる？」
「もう少し周りとの連携を考えて行動してくれ。」
「もっと謙虚になりなさい！」

何事も白黒つけたがるため、好き嫌いがはっきりしています。人格を責めると博学多才の部下は上司のことを感情的で合理的な話の出来ない相手と決めつけて、ますます見下すようになります。

＜こんな叱り方がおすすめ＞

上司「君と一緒に仕事をするのが難しいという声が出ている。君もなにか言いたいことがあったら率直に言ってほしい。」
部下「今のところ、他のメンバーの助けは必要ないので……特に言いたいことはありません。」
上司「今はいいかもしれない。しかし大きな案件が来たときも君はひとりで全部できると言い切れるのか？」
上司「君は優秀かもしれないが、周囲に対する態度は賢いやり方とは思えない。もっと周りの人を巻き込んで仕事ができるようになると、君自身も、もっと成果を上げられるようになるよ。」

TYPE 3

威風堂々タイプ

華やかな存在感のある社交上手タイプ

★見分け方

行動力があり、面倒見もよく豊富な人脈を持っている一方、むやみに自信過剰なところあります。

そのため上から目線の発言やビッグマウス傾向。

☆叱り方アドバイス

自尊心を傷つけられると強い怒りがわきます。反論されたり、間違いを指摘されたりすると、途端に不機嫌になります。しかし、意外と反応はワンパターンなので、一歩先回りして対応することができます。

口では勇ましいことを言っていても、なかなか結果につながらないことがあります。

イライラして周りに当たることもあるので、注意が必要です。**頼りにされると頑張る**ので、問題点を指摘した後は**「期待しているぞ」**と一言添えます。

Case study

威風堂々の部下を叱るには

威風堂々のDさんは、持ち前のサービス精神からうっかり大風呂敷を広げがち。今回も取引先の「もしできたら……」というダメ元の依頼も安請け合いしてきてしまった。

＜NGな叱り方＞

「こんなことできるわけがないだろう！」
「君が受けてきたんだから、君が責任をもって全部やれよ。」
「適当なことを外で言われては困るよ！」

プライドが高く、批判に弱いところがあるので、正面から自分の誤りや不手際を責められると逆ギレしてしまうこともあります。

＜こんな叱り方がおすすめ＞

部下「先方からこんな依頼がありまして。難しいとは思うんですがなんとかしますって言ってきちゃたんです。」
上司「それはスケジュール的にも予算的にも厳しいと思うけど、君のことだから何かアイデアあってのことだろう？」
部下「そうですね。まだ確証は持てないのですが、なんとかなると……。」
上司「社内で確認を取ってOKならば問題ない。そのあたりを確認してくれ。期待しているよ。しかし無理だった場合はできるだけ早く私に相談するように。」

TYPE 4

外柔内剛タイプ

穏やかな雰囲気にかくされた頑固な職人気質タイプ

★見分け方

普段はおとなしく雰囲気をまとっていて、無理なことも押し付けられやすい。怒ると一変して烈火の如く感情を爆発させるので周囲はそのギャップに戸惑う。

☆叱り方アドバイス

自分なりのルールに固執する傾向があり、アドバイスを聞き入れないことがあります。

そんなときは、無理やりこちらのやり方に切り替えさせるのではなく、お互いのやり方の接地点を見つける方が早く解決できるでしょう。

強引にこだわっているやり方を大声で叱って変えさせようとすると、さらに頑固に執着することもあるので注意が必要です。**「これ、困っているんだけどどうにかならないか」**といった**相談モードでアプローチ**するのもひとつの方法です。

Case study

外柔内剛の部下を叱るには

外柔内剛のEくんは、着実な仕事ぶりで頼りになるが、臨機応変を求められると適応できないところがある。今日社長から営業方針の転換が告げられ、彼が担当しているシステムも大幅に変更することになり、ずっと機嫌悪く文句を言っている。

＜NGな叱り方＞

「いいから黙って言われた通りにしろ！」

「そんなに文句を言いたいなら社長に直に言ってくればいいじゃないか。」

「この程度の変化について行けないのは問題だ。」

目的よりも自分が決めた手順を重んじる傾向がありますので、納得がいっていないのに強引に仕事をさせようとすると、普段からは考えられないくらい激しく怒ることも考えられます。

＜こんな叱り方がおすすめ＞

部下「こんな急な変更は無理ですよ、ありえません！」
上司「しかし、もう決まったことだよ。なんとか対応できるよう考えてみてくれないか。」
部下「社長はもしかしてウチの部をなくそうとしているのですか？」
上司「そんなことはないから安心してくれ。これまでのやり方にも満足をしているが、今以上に良くしたいと思っている。これまでの経験を活かして、新しい顧客に対応するにはどうしたらいいかを、ぜひ君に考えてほしい。」

TYPE 5

用心堅固タイプ

石橋を叩いて渡る
慎重派タイプ

★見分け方

一見とても社交的だが、よく見るといつも一歩引いて自分の評判を気にしている印象。

仕事の面でも用心深く、突破力はあまりないが安定感がある。

☆叱り方アドバイス

劣等感が強く用心深いので、なかなか前進ができません。新しいことに取り組むはずが、なかなか覚悟が決まらず、仕事も後手後手になりがちです。「だれも自分の意見など求めていないのでは」などと感じ、発言にも躊躇してしまうことがあります。

威圧的に叱るとさらにすくみあがってしまうので、**安心できる環境でじっくり話を聞き出す**ようにしましょう。

また深い付き合いができずに、上辺だけで人を判断し誤解が生じてしまうこともあります。レッテルを貼ることがいかに相手に失礼なことかを理解させる必要があります。

Case study

用心堅固の部下を叱るには

用心堅固のFくんを新入社員の指導係に指名し、彼自身の成長も期待していたが新入社員のことを「どうせあいつはゆとりだから」と決めつけて、なかなか互いに信頼出来ない様子。

<NGな叱り方>

「教育係は君なのに、新人の言いなりになってないか？　言うべきことは言っているんだろうな。」

「新人に仕事を教えるのではなく、仕事を勝手に肩代わりしているじゃないか。」

「後輩を指導することもできないのか。」

慣れない仕事に手こずっている中、大きな声で厳しい叱責をされると警戒して、萎縮してしまいます。丁寧に対話の用意があることを示していきます。

＜こんな叱り方がおすすめ＞

上司「ぜひ君の意見を聞きたいんだが、○○さん（新入社員）の様子はどうだ？」
部下「本人は頑張っているんでしょうけど、ちょっと注意するとふてくされて扱いに困っています。僕には指導係は向いてないと思います。」
上司「そんなことはないよ、いつも通りじっくりやってくればいい。ただし言うべきときは、相手がふてくされても言ってほしい。」
上司「今週、君と○○さんと三人でしっかり話す時間を作ろう。」

TYPE 6
天真爛漫タイプ

才能と愛嬌と抜群の行動力で人の心を掴むカリスマ系タイプ

★見分け方

思ったことを思った通りに発言して行動します。
注目されることが大好きで、身振り手振りも声も大きいのが特徴。

☆叱り方アドバイス

自分の主張が言えない、通らないとかなり強引に思い通りにしようとする傾向があります。このときに思わず大声を出したり、相手を威圧するようなことを言ったりしてトラブルになることも。

しかし上司が事態を収拾しようとして大勢の前で叱るのはよい方法ではありません。プライドを傷つけられることをなにより嫌います。

上手におだてて常に気分よく仕事ができるようにすると非常によく働きます。

叱るときは、**他のメンバーなどに知られないよう場所や時間を選んで**ください。

Case study

天真爛漫の部下を叱るには

天真爛漫のGさんは、自己主張が強く、不満があれば空気を読まずにアピールして周囲を混乱させてしまう。そこが彼女のたくましさの原動力になっていることは理解しているが、周りのメンバーの消耗が激しい。

＜NGな叱り方＞

「全部自分の実力だと思っているのか？　大間違いだぞ。」
「自分の意見が通らないからといって大声を出すのはやめなさい。」
「もう少しものを考えてから行動しろ！」

言いたいことは言う、思い立ったら即行動なので、人前で叱責されると相手が上司であろうと言い負かす勢いで反発します。そうなると収拾がつかなくなるので会議室に呼び出すなど叱るときは環境を考える必要があります。

＜こんな叱り方がおすすめ＞

上司「Gさん、営業事務から無理を言われて困っていると知らせがあったんだが、どういうことなんだ？」
部下「あの人はいつも『できません』『無理です』ばかりで足を引っ張るんです。」
上司「なるほど。君の苦労もよくわかるよ。私からも事務の方にはサポートしてくれと頼んでおくから、君もイレギュラーなことを依頼するときは一度私を通してくれないか？」

おわりに

叱ることは単純にリクエストを伝えること。

叱ることは技術だから、練習すれば誰でも上達するもの。


リーダーに向けた叱り方の研修依頼が急増していることを書きましたが、叱り方の研修で、このようなことを言うと本当に驚かれます。

叱るからには相手に反省をさせなければいけない、相手の成長を促すことを考えなければいけない、独りよがりになってはいけない、パワハラになってはいけない、等々とあれこれ考えていたと思います。

そして、あまりにもいろいろと考えるうちに、叱ることが面倒になり、叱ることを避け、そうこうしているうちに叱ることに苦手意識を持つようになってしまう。苦手意識があるから、叱らず、さらに叱り方がわからなくなり、上達もしなくなるという悪循環に陥ってしまう。

これまで私たちは叱り方について体系立って学んだことがありません。これだけ毎日、日本全国の職場、家庭、教育現場、人間関係の中で叱るということが行われているのに、誰も体系的に学んだことがないなんて、なんて不思議なことでしょうか。

〝叱る〟は単純に技術です。正しい知識を理解して、実践を繰り返せば、誰でも上達すると断言できます。

本書を執筆している私も、決して叱ることが得意だったわけでもありませんし、できることなら何事も叱りたくありませんでした。

叱った後はなんとなく気まずくなるので、そうならないように叱る前後で叱っても大丈夫なように根回し的なことをし、そのことで疲れるという。

特に自分よりも目上の部下を叱らなければならない時は憂鬱で仕方がありませんでした。

叱った後で仕事がしづらくなったらどうしよう、反旗をひるがえされて孤立してしまったらまずいな、等々。

そんなことを考えては、一体自分は何の仕事をしているんだろう？　と自問自答する日々でした。

人とぶつかることに対しては、割と厭わないタイプでしたが、それでも誰かを叱ることについてはとても躊躇がありました。

叱ることなく、何となく進んでくれるのであれば、仮にそれが「なぁなぁ」な進め方になったとしても、叱った後の後味の悪さのことを考えれば何倍もマシだと考えていました。

ところが、アンガーマネジメントを学び、叱ることについての誤解が解けるうちに、叱ることに対する恐怖感はなくなり、また叱ることが面倒ではなくなりました。

それは叱る時に自分が欲しいものが明確に理解でき、相手を責めることなく伝えられるようになったからです。

今何をして欲しい、次からどうして欲しいを相手を責めることなく、ただ感情を発散することなく伝えることは技術です。技術が上達すれば、今は意識しなければできないことも、いちいち考えずにできるようになります。

技術の習得には次の4つの段階があります。

①意識していなく、できない
上手に叱ることを意識しておらず、上手に叱れていない状態
②意識はできるが、できない
上手に叱ることを意識はしているが、上手に叱れていない状態
③意識をし、できる
上手に叱ることを意識し、上手に叱れるようになっている状態
④意識をしなくても、できる
上手に叱ることを意識しなくても、上手に叱れている状態

1段階目から順を追って4段階目へと成長をしていきます。言わずもがなですが、4段階目まで行けたら、叱ることは全く苦ではなくなります。叱ることは悩みの種にはなりません。

叱ることが苦にならないリーダー。もしそうなれたら、どれだけ自分、周りの人のストレスを小さくすることができるでしょうか。

そういうリーダーがいる職場は間違いなく働きやすい仕事環境となり、生産

性は大きく上がることでしょう。

部下を叱ることで、部下との関係が悪くなる、嫌われる、雰囲気が壊れるというのは全くの思い込みです。叱ったとしても絶対にそうなるかと言えば、そんなことはありません。

私たちの多くは悪い叱り方、叱られ方ばかりを経験してきているので、いつの間にか〝叱る〟について誤解をし、それが当たり前のことと信じ込んでいるのです。

職場において、叱ることは間違いなく必要なことです。リーダーとして人を率いていくのであれば、叱るは必須のスキルです。

叱ることを全くしないリーダーはほとんどいないでしょう。もしいるとすれば、余程の少数派か、叱れない人です。

叱ることへの誤解を解き、恐怖感、面倒臭さを捨て、叱ることに向き合っていきましょう。

働くということについて大きな価値観の転換期がきています。諸外国に比べ、その労働時間の長さ、生産性の低さが問題になっています。リーダーの叱り方の上手、下手に職場の生産性は大きく左右されます。
　叱り方の上手なリーダーが増えれば、職場の生産性は上がり、今の日本を取り巻く労働環境は大きく変わることになるでしょう。本書が少しでも日本の働き方について貢献できれば大変嬉しく思います。

安藤俊介

著者：安藤　俊介（あんどう・しゅんすけ）
一般社団法人日本アンガーマネジメント協会代表理事。アンガーマネジメントコンサルタント。1971年群馬県生まれ。2003年に渡米してアンガーマネジメントを学び、日本に導入し第一人者となる。ナショナルアンガーマネジメント協会に在籍する1500名以上のアンガーマネジメントファシリテーターのうち、15名しか選ばれていない最高ランクのトレーニングプロフェッショナルに、米国人以外ではただ一人選ばれている。企業、教育委員会、医療機関などで数多くの講演、研修などを行っており、年間の受講者数は2万人を超える。
おもな著書に、『はじめての「アンガーマネジメント」実践ブック』（ディスカヴァー・トゥエンティワン）、「アンガーマネジメント入門」（朝日新聞出版）、『怒りに負ける人、怒りを生かす人』（朝日新聞出版）、「どんな怒りも6秒でなくなる」（リベラル社）などがある。

一般社団法人日本アンガーマネジメント協会
https://www.angermanagement.co.jp/

アンガーマネジメント　叱り方の教科書

2017年4月5日　第1版 第1刷発行

著者	安藤俊介
カバー・本文デザイン	萩原弦一郎（DIGICAL）
印刷	株式会社 文昇堂
製本	根本製本株式会社

発行人　西村貢一
発行所　株式会社 総合科学出版
〒101-0052　東京都千代田区神田小川町 3-2 栄光ビル
TEL　03-3291-6805（代）
URL：http://www.sogokagaku-pub.com/

Printed in Japan　ISBN978-4-88181-858-9